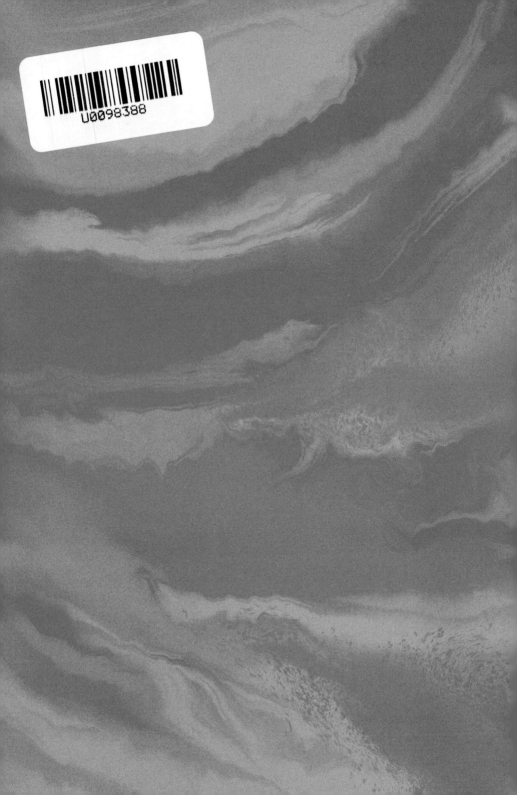

轉變之書

Transitions

Making Sense of Life's Changes

William Bridges, PhD with Susan Bridges

威廉・布瑞奇博士 & 蘇珊・布瑞奇 ——— 著 林旭英 ——— 譯

目次

｜編輯前言｜

我心「轉變」，雲淡風輕

《轉變之書》（*Transitions*）最早完成於一九八〇年代，出版數十年來始終廣受讀者歡迎，是美國歷年來最暢銷的成長書之一，曾獲選為「史上最重要的五十部勵志經典」（the Fifty Most Important Self-help Books of All Time）。二〇〇四年，作者威廉．布瑞奇（William Bridges, PhD）於七十歲時曾大幅改寫書中內容。你手上的這本四十週年紀念版，是布瑞奇過世後，他的妻子兼事業夥伴蘇珊．布瑞奇（Susan Bridges）重新編審並加上新篇章後的最新版本。

出身哈佛、哥倫比亞等名校，當過英國文學教授的布瑞奇，為美國知名心靈導師，是最早將研究重點放在人生「轉變」課題、並將「轉變心理學」導入企業管理的學者。也因為他在個人與企業轉變上的研究貢獻，《華爾街日報》曾經把他列入全美十大企業成長導師之一。

這本書，是他最重要的代表作，也是奠定他地位的一本書。之所以重要，原因很多。首先，布瑞奇在書中提醒我們，很多人把人生中所遭遇的改變（change）與轉變（transition），兩者混為一談了，而且常把重點放在改變，忽略更重要的內在轉變，也因此讓我們錯失了美好人生。

改變，根據布瑞奇的定義，只是我們生活外在的變化，像是畢業、搬家、小孩出生等等；而轉變，是內在的，是我們為了適應外在變化，所進行的心理調整。假如我們只有經歷改變而沒讓自己轉變，我們的外在也許不一樣了，其實內心還是老樣子，然後不斷重複著過去的習慣與行為。

舉個例子來說吧。我們常以為，年過二十，自然就是成年人了。不，布瑞奇說，年紀到了成年期，不等於我們就會自然變成一個真正的成年人。內心沒經歷轉變，一個人就算外表是大人，心裡仍然是個孩子。

看看我們身邊——包括我們自己在內——很多人不就是如此？二十後，糊里糊塗地畢業，找工作；三十後，默默結婚，生小孩；然後邁入中年，有人也許混得不錯，有人卻渾渾噩噩一事無成；不管混得如何，接下來都得邁向老年，但有人老得很有智慧，有人卻依舊孩子氣十足。為什麼？

他認為，原因可回推到當年我們從父母身邊脫離、開始獨立生活的那一刻。那一刻，內心有跟著轉變、有覺醒，日後會比較有智慧；相反的，如果那個當下你只有外在改變了，卻沒有內在自省，很可能一輩子都會陷在當年的模式中，重複著同樣的錯誤。

例如大學畢業，在布瑞奇看來，只能算是你外在的「改變」而已；要打從心裡決定迎接新人生，接受即將到來的各種考驗與挑戰，才能讓你「轉變」為真正的成年人。

還有結婚，也只是你身分的「改變」而已，要打從心裡願意接受「長久與另一個人共度餘生」，你才算「轉變」，也才能真心接納婚姻生活。生小孩的道理相同，布瑞奇發現，很多新手父母表面上是為了照顧寶寶而疲憊不堪，實際上真正讓他們感到挫折的，是那再也回不去單身自在生活的失落感。面對與接受這樣的失落感，是你邁向快樂父母的第一步。

至於換工作、換職位、換老闆，可能就連改變也談不上了，只是你生涯上的「變動」而已，同樣不會自動讓你成為能力更強、更有自信、過得更開心的人。相反的，除非你打從心裡準備好更上層樓，你的人生才會因為新工作，而帶來有意義的「轉變」，能力、自信與好心情，才會隨之而來。

說到有意義的轉變，布瑞奇在書中所提出的「轉變三階段」——結束、過渡期、新起點，也是這本書過去四十年來在心靈成長上的重大貢獻之一。轉變之所以困難，就是因為很多人不理解這三個階段的意義與重要性。比方說，布瑞奇認為，每個人的轉變都是始於「結束」，但一提到結束，很多人就會誤以為是「終了」、「完了」而選擇逃避，結果就是自己的內心始終困在過去，無法踏出迎向未來的步伐。

無法踏出迎向未來步伐的，布瑞奇認為不只是個人，很多企業（其實就是指那些主管啦）也是如此。因此他與妻子蘇珊從一九八〇年代末起，就不斷開辦各種研討課，教授「轉變管理課程」（Transition Management Program），多年來，據說已經有超過五千位來自企業界的主管上過他的課。

這本四十週年繁體中文版問世之際，全球正面臨大流行病帶來的巨大改變。蘇珊特別整理書中精華，增訂附錄方便讀者隨時翻閱與練習。誠如她所說：「各行各業的創新與進步需要改變與重新學習，工作的本質也不斷被重新定義，想追求更有意義的工作、與他人建立良好關係……此時此刻，我們格外需要威廉的引導，帶領我們向自己的過去道別。」

| 導讀・賴佩霞 |

學習凌駕生命中的轉變

一本很有能量的好書

萬里晴空，我獨自開著愛車在高速公路上全速行駛。沒有其他車輛，路上只有我獨自一人。車子來到介於兩座山丘之間的上坡路段，眼前的藍天白雲緊貼著地平線，一望無際。像往常一樣踩著油門，我毫無顧忌的往前開去。

正當要翻越眼前的山丘時，赫然發現，前面的道路已經崩塌、斷裂。為時已晚，煞車根本來不及，我的車已離開地面，衝出斷崖。

受到高度驚嚇的我緊閉雙眼，屏住氣息，全身僵硬，整個世界就此凝住，只等車子落地的那一刻。念頭閃過：車一落地，我人應該會先昏過去，就算爆炸，我應該不會有知覺、不會痛。

騰空的那幾秒，我的一生快速地從眼前掠過。我終於體會到，以前聽人說過的瀕死經驗是什麼了。那是無從選擇、沒有詮釋、赤裸裸的生命回顧。

我的先生、小孩、家人、朋友……，我的一生。

這時，我的人跟車一起掉入水裡，由於衝擊力道太大，我沒有辦法繼續屏息。倒抽一口氣，大量的水灌進肺裡，嗆得我無法呼吸。這時，我左手抓住安全扣環，右手解開安全帶，雙腳用力一蹬，從車子的天窗蹦了出來。經過一番掙扎，我，活下來了。

一早醒來，夢境栩栩如生、歷歷在目，每個環節都好寫實，活像親身經歷了一場浩劫一樣。但最讓我驚訝的是：為何做這場夢時，我沒有在當下驚醒？這應該是個噩夢不是嗎？按照以往的經驗，噩夢總會將我驚醒。為何做了這麼驚悚的夢，我卻一覺到天亮？

此時，身邊躺著出版社給我的書稿《轉變之書》。昨晚，我就是抱著這本書入睡的。

我的生命，經歷過太多外在的變化及內心的轉變。巨如生離死別，毫若自我認同。從離婚、母親往生後，我的轉變漸入佳境。或許是越來越豁達吧，如果不是這個夢，我已不太記得以往面對改變時的悲傷與失落了。這個夢，再次把我帶回當初覺得生命完全失控的恐懼中。

「這種感覺就像我們想從河邊碼頭出發到對岸，可是行到一半時，卻發覺對岸已經消失不見，而回頭看原先的碼頭，則發現它已經坍塌，消失在水流之中。」威廉．布瑞奇書中如此寫道。透過這場夢，我更明白作者書中想傳達的精髓。

轉變，是從一開始的「結束」，到「新生」的過程，而其中最難讓人忍受的，就是介於中間的「迷茫與痛苦」。就像我騰空的那幾秒，當下一切都完了，什麼都沒了，恐懼指數直逼破百。這時我才更能體會，原來有人執著於「結束」不願離岸，乃是因為離岸後的過渡期，實在太讓人煎熬。如作者說的，在「結束」後、未達「新生」之前，這段時期從某個程度來說，就像經歷死亡一樣可怕。

記得古希臘哲學家赫拉克利特（Heraclitus）說過：「世上唯一永恆不變的事，就是事物不斷在改變。」如果你也認同這句話，那麼哪有不把過渡期搞懂的道理？我們絕不願成為作者所說的，那種拒絕面對過渡期的人，因為你會「錯過成長的機會，繼續以一成不變的方式生活下去」。這「一成不變」，對我來說意味著：遇到改變便會受驚嚇、否認、彷徨、茫然、焦躁、不安。

「變」既然是常態，就表示每隔一段時間，我們就得面對同樣的循環。如果不徹底弄懂它，下一次轉變到來時，都可預期它的結果。這怎麼了得？還要讓「茫然與痛苦」啃食多久？難道不煩、不厭倦嗎？

如果，我們能更了解過渡期為我們生命所帶來的意義與價值，對它有更深的認知跟解讀，那我們就不會只是一味的抗拒、厭惡與逃避。而對於面對轉變一開始的「結束」，也不會那麼困難。

現今全球皆以飛快的速度發展，以往被認為人性發展的重要基礎——穩定感，已成奢求。無論愛情、婚姻、友情、親情、工作、金錢等等，變數越來越大。外在事物能讓我們掌控的部分，如今越來越少。看來，只有下定決心學習應變之道，才能跳脫隨波循環的厄運。

這是一本相當具有能量的好書。作者在二〇一三年二月離世，享年八十。這是他四十多歲寫的書，隨著年歲增長，他持續把一些當初沒能說清楚，或經驗不足的地方，做了更充分的補充與說明。誠如他所說，「轉變」所隱藏的意義與價值，極少在其他的著作中被提及。四十年的研究與關注，想聽專家的見解，捨威廉其誰？

祝你也能透過本書，學會凌駕生命中的轉變。即便心有餘悸，仍能預見新生到來。別忘了，每個轉變都會帶出生命嶄新的一頁。轉變愉快！

本文作者為知名身心靈導師、歌手、主持人、攝影家。

｜推薦序。史戴尼爾｜

憋氣時間越長，探出水面的感覺越好

孟肯（H. L. Mencken）說得好：「任何複雜的問題，都有一個簡單、直接、看似合理卻錯誤的解決方法。」改變就是這樣一個複雜的問題，你可以在網路上找到許多簡單、直接、看似合理卻錯誤的方法。如果你喜歡讀的是類似〈午餐時間就能掌握改變的七個祕密〉這樣的文章，那麼這本書你可以放下了。

這本書即將帶給讀者的，雖然不是什麼立刻見效的仙丹，卻有神奇的魔法。因為威廉・布瑞奇讓我們不必再糾結於因應「改變」的技巧，而是帶領我們踏上人生「轉變」的旅程。這本書提醒我，生活中真正重要的，並不是我克服了什麼難題、完成了什麼任務，而是明白了人生中的「轉變」是一種持續、不止息的過程。在這個過程中，我們會獲得成長與救贖的機會，就如同所有偉大的英雄之旅一樣。

布瑞奇書中提到，「轉變」有三個階段。嚴格說來，這比較像是「重新認識」，因為這三個階段你一點都不陌生，也都曾經歷過，但這本書就像給了我們一副夜視鏡，讓我們能在黑暗中看得更清楚、走得更安穩。

過渡期茫然無所適從？放心，好好享受……

或許，此刻你正處於轉變的過程中。如果這本書你忍不住一直往下讀，我猜想你應該就處於這三個階段之中。你可能正在「結束」某件事，感覺熟悉的世界正在改變、離開、消逝；你可能正準備「開始」新的人生，感覺未來充滿著未知及不確定；或者，你可能正處於「過渡期」，覺得漫無頭緒，對一切感到空虛、茫然、無所適從，甚至可悲。

我後來發現，「過渡期」其實是人生中特別豐富的一段時間。布瑞奇說到一個關鍵：通常我們都會迫不及待想擺脫過渡期，想趕緊脫離這種不明確的狀態。我以前就是這樣（現在也經常如此），不過現在我已經學會去享受過渡期。一位前輩曾經分享過一個讓我很受用的比喻：「當你潛入水中時，」她說：「憋氣的時間越長，最後探出水面時的感覺越好。」

若要我在此給讀者一個建議，我想說的是：當你處於過渡期，不妨問自己一個問題：「我想要什麼？」（What do I want?）這是個陷阱題，因此，說出第一個答案後，不要停，繼續問下去：「我想要什麼？我還要什麼？到底我真正要的是什麼？」當你找到一個自己真正滿意的明確答案後，接下來你可能會看到各種的可能性，你的人生將出現新的「開始」，你也將展開一段新的旅程。

然後，你還會回頭翻這本書。《轉變之書》之所以歷久彌新，正是因為我們一生中將一次又一次，踏上書中所探索的旅程。我們何其有幸，能有布瑞奇這位人生導師。

本文作者為麥可．邦吉．史戴尼爾（Michael Bungay Stanier），知名暢銷作家。

新版序

轉變，是一種心靈的重生

自從本書首次出版以來的數十年間，我也經歷了許多當初無法預料的轉變——出書前，我是教文學的老師；在經歷轉變之後，我投入新的職業生涯，開始幫助別人面對生命中的轉變。這本書，正是我重生的開始。

本書面世之初，我沒料到它會如此受到讀者歡迎。畢竟在大多數人心裡，「轉變」是一個很抽象的概念，看不到，也摸不著，我擔心一本探討這種問題的書，無法吸引太多讀者的重視。但是現在，幾十年過去了，這本書印刷發行始終不曾間斷，賣了五十多萬冊，並且持續在市場上發燒。這真是個奇蹟！

同樣令人驚奇的是，從和讀者的談話中我得知，很多人會把這本書留在身邊，一旦生活中發生重大轉變，就會拿出來重新翻閱。他們也會推薦給朋友，有時候他們的朋友拿走了這本書，再也沒有歸還——有人是留著以備下一個轉變來時隨時翻閱，有人則是又再轉借出去。所以我無法確知，究竟有多少人讀過這本書。

然而，我對本書的初版並不十分滿意。原本書中有一章「愛情與工作」，我覺得有部分論述得不夠深入，比如愛情和工作會以怎樣的方式帶來轉變，而且初版也沒有論及我們面對轉變的態度，將會影響到婚姻或事業。在這本書初次面世後，我又做過許多不同的研究，希望能有機會將自己這些年的心得補進去。此外，我也覺得在初版中，對於有些問題的闡述還不夠清晰，需要更深入的探討。

本書第一版問世時，我只有四十多歲。現在，我已經年過七十了，對人生也有一些不同的看法。隨著年齡增長而來的轉變，讓我的思想發生很大的變化。這種變化年輕時當然也有，只不過年紀越大，歲月刻下的痕跡就越明顯。例如我會談到時下的「退休」議題，我發現就連那些賦予「退休」全新意義的人，也常常將退休看成是一種**改變**，而不是**轉變**。

今天，很多人把改變和轉變混為一談，以為轉變不過是改變的另一種說法。錯了，所謂的改變（或變化），指的是你搬到新城市、換了新工作、孩子出生或是你的父親過世等。至於你剛換了一個經理，或是你的公司被併購了，更不過是你工作上的「變動」而已。換句話說，改變或變化，只是外在的。

而轉變，則是內在的心理變化。轉變不是某個具體的事件，而是你為了適應生命中發生的外在變化、所進行的心理調整，包括確定未來前進的方向，以及重新自我定位。

如果只是改變而沒有轉變，就如同只是將儲藏室的東西變換了擺放位置一樣——除非轉變發生，否則改變對你的人生起不了多大作用，也毫無意義，因為它並不會為你帶來內心的深刻變化。然而在我們的社會中，談的較多的卻是改變，很少有人會關注轉變。遺憾的是，令我們措手不及、麻煩連連的，正好就是轉變。

我們總希望能未雨綢繆、防患未然，舉例來說，我們會想在退休前，先攢夠養老金、找個喜歡的城市定居、預先培養一些新的嗜好之類的。但是，在那些探討退休的文章中，多數作者根本不曾提及轉變的三個階段，至於面對外在環境改變所引發的內在轉變，我們該如何因應，同樣也甚少著墨。

重要節日，別再只顧著辦派對

有些原始部落卻不一樣，他們對「轉變」相當重視。在轉變過程中，身處現代社會的我們往往手足無措，但生活在這些部落的人卻能應付自如。他們大都有自己獨特的一套生命儀式（我們稱之為「通過儀式」〔rites of passage〕或轉變儀式），來幫助族人度過轉變時期，開啟新的生命篇章。對於生命各個時期會發生的轉變，他們都有清楚的認識，這使得他們在不同的人生階段都能做好準備。

生活在現代文明中的我們，卻不具備這種意識，一如我們不曾試圖了解體會自然界的季節更替，頂多關注每天氣溫的高低、氣候乾燥或潮濕等等之類的氣象變化，往往忽略了自然界中更寬闊和諧的生命風景。

傳統部落看待轉變，就跟他們看待季節更替一樣。當季節變換的時候，他們會在不同時間舉行不同的儀式，提醒人們冬至到了，從這一天開始白天將會變短，或是舊的一年已經結束，新年來臨了。當然，我們也有冬至和新年，但在這些特定的日子裡，我們頂多就是辦個派對，或在電視機前看一整天的足球賽。我們慶祝新年的方式，並不會讓我們真正體驗到：

舊的一年**正在逝去**，新的一年**正在來臨**。

簡言之，傳統部落正是以轉變儀式這種戲劇化的形式，將轉變的整個過程呈現出來——舊的事物解體死去，新的事物正在誕生。透過轉變儀式，人們逐漸認識轉變，知道轉變發生時應該如何應對。

你可能在想，那我們能不能也有類似的儀式或祭典？不容易，在原始部落自然而然就會獲得的一切，今天的我們卻得透過有意識的學習和個人的努力，才可能做到。

打從這本書出版以來，我就有個夢想，那就是：有一天我能開創一個全新的行業。我甚至為這種行業起了一個名字：接生（maieutics）。

這個名字源自於希臘單字：midwife（接生婆）。「接生」的原始含意，很適合我想要做的事，因為這項工作本質上來說，就是幫助人們在轉變的痛苦過程中經歷死亡，獲得新生。一定有人會說，什麼死亡？什麼新生？太可怕了吧，難道你就不能用比較簡單的方法（例如一些基本指南或手冊之類的），幫助我們應對換工作、離婚、年近不惑或其他類似的變化嗎？

正因人們都把轉變看得如此表面化和簡單，所以我幻想中的行業還是沒能出現。不過在當時，我還是完成了一項個人的轉變——首先，我寫了這本書。繼而又開始幫助個人和一些團體度過轉變期，並在此過程中，將轉變帶來的破壞性降至最小，同時挖掘出轉變所帶來的機遇。

現在，我已經七十多歲了，又到了一個需要重生的年齡。而你正在經歷的轉變也將帶領你重生。

祝你在轉變的路途上，一路平安！

——蘇珊．布瑞奇（Susan Bridges）

＊四十週年新版說明

我的丈夫兼事業夥伴威廉．布瑞奇於二〇一三年過世了，留下這部充滿睿智與洞察力的作品。無論你來自哪個年齡層、來自何種背景，這本書都是為你而寫的。儘管故人已遠，但每當我們面臨生活中不可避免的轉變時，他的智慧仍將時時指引著我們。這篇序文，是威廉於二〇〇四年所寫，接下來我也將在本書不同章節分享我的想法。

Part 1

我怎會變成這樣？

逃出迷惘的人生

特洛伊的九座城池，每一座都建在舊城池的廢墟之上，從石器時期到古羅馬時代，跨越了千年歷史；龐貝城被爆發的火山淹沒……成了一個死城。多數時候，這些死城裡的人就這樣被掩埋，然後他們的後代又在上面打造新的城市。而在美國，人們則總是在一片空曠的新大陸上快速遷徙，因此考古學往往只能停留在膚淺的表面。在美國能看到的所謂死城，通常是廢棄的市鎮，而不是被掩埋的城池。它們是被人們遺棄，而不是被自然毀滅。

——丹尼爾・布爾斯丁《美國人：建國的歷程》（Daniel J. Boorstin, *The Americans: The National Experience*）[1]

人總是處在轉變之中。美國人更是飄泊，他們深信美好的事物就存在於地平線的另一端，因此他們過著一種變化頻繁的生活，美國的繁榮也似乎有賴於此。來自歐洲的遊客經常會發現這一點，常令他們感到不可思議。

阿勒克西．德．托克維爾*，這位優秀的法國學生，在美國生活一段時間後，於一八三一年的日記裡提及這個特性：

> 出生在一個地方，然後不斷在不同地方成長的美國人，無暇將自己束縛於任何事物上，他們習慣了改變，並相信活著就該如此。他們需要變化，不只如此，他們喜歡變化。對他們而言，不穩定不是什麼災難，相反的，會為他們帶來奇蹟。[2]

---

*托克維爾（Alexis de Tocqueville, 1805-1859），法國歷史學家、哲學家、古典自由主義思想家，以研究法國舊制度及十九世紀前期美國民主制度而聞名，著有《民主在美國》（*De la democratie en Amerique*）。

托克維爾的話，至少說對了美國的一半——但只是外在的一半。因為就內在層面來說，經歷轉變並不是總那麼令人舒服。就像〈李伯大夢〉的主人翁一樣*，無數美國人被來自生命中不同階段的轉變驚醒。大家都知道，李伯是被美酒迷醉了，至少他還有個可以勉強塞責的藉口。但是對於那些把轉變看成是一種自我提升途徑的人來說，這樣的經歷是令人困惑的。著名的美國作家亨利·華茲華斯·朗費羅（Henry Wadsworth Longfellow），在五十多歲時回到了自己的老家——緬因州的波特蘭，在那裡，他寫下了〈變〉這首詩，詩的開頭是這樣的：

在城外，
老舊里程碑矗立處，
一個陌生人，正低頭沉思，
黑暗與神秘林中，
我凝望著樹影。

它變了，還是我變了？
啊！嫩芽初冒的橡樹，
那曾和我一起漫步林中的朋友們，
今遭灌木阻隔，
如同歲月橫亙在我們心間。[3]

如今，距朗費羅寫下這首詩已經將近一個半世紀，我們生活的節奏更快了。正如艾文．托佛勒（Alvin Toffler）在《未來的衝擊》（*Future Shock*）裡所說的：「變化如雪崩般降臨到我們的頭上，人們嚇呆了，根本來不及做好準備。」[4]

---

*〈李伯大夢〉（Rip Van Winkle）是美國名作家華盛頓．歐文（Washington Irving）的一個短篇故事。主角李伯喝了一位陌生老人的酒後，在山中昏睡了二十年，醒來後已景物全非，故事情節類似中國的古典小說〈枕中記〉和〈南柯太守傳〉。

但真正讓我們迷惘的，不僅是變化的步調加快。更重要的是：很多人失去了過去擁有的信念——不再相信轉變，會為自己帶來什麼樣的提升。假如我們能夠理解，人生中的各種轉變都是有意義的，那麼在面臨轉變時，我們比較能承受那種「一切都在未定之天」的感覺；相反的，如果我們老覺得轉變根本沒意義，也沒給自己帶來什麼好處，那真是會痛苦不堪。

而且，今天我們所經歷的轉變，也跟過去很不一樣。當一切事物以更快的速度變化，處在婚姻或工作的轉變當中，你會感到特別痛苦，因為你的生活會陷入一種全面失控。這種感覺就像我們想從河邊碼頭出發到對岸，可是行到一半時，卻發覺對岸已經消失不見，而回頭看原先的碼頭，則發現它已經坍塌，消失在水流之中。

你可能會以為，很多心理學家與諮商師應該早就談過與轉變相關的問題吧！事實不然，去圖書館查一下「轉變」（transition）這個詞的索引，你可能會找到從「轉運系統」（transit systems）到「翻譯」（translation）的所有詞彙——但就是沒有關於「轉變」這個字本身的索引。當然，諸如「生涯轉換」、「離婚」、「喪親」等人生重大的轉折，在圖書館中都能找到許多相關條目，卻沒有任何一本書闡述這些變化所隱含的內在「轉變」過程。

誠然，有些針對成長期的迷惘或中年危機而寫的勵志書，多少點出了這些時期所面臨的困境。可是這些書通常有點太理想化，就像生產統一尺碼的衣服一樣，奢望每個讀者都能一體適用，無助於釐清每個人所經歷的不同轉變歷程。

這本書要談的，是放手的痛苦過程、陷入深淵時的無助，以及如何重新站起來。轉變，包括了三個關鍵性的階段：(1)結束，(2)過渡期，及(3)新的開始。擺脫舊的生活狀態，是一段艱難的過程；處於過渡時期，同樣令人困惑痛苦，因此，幫助讀者度過困難時期，踏上新的人生征途，是我寫這本書的目的。

《轉變之書》不只是一本工具書，而是依據成年人發展理論的研究成果，相信人生中的轉變，是一段從迷失到重新找到方向的自然歷程；這樣的自然歷程，正是我們成長的重要里程碑。在大自然界，成長就是一種漸漸展現的蛻變——剛開始，一切似乎沒有任何變化，但突然間，蛋殼破裂了、枝頭花苞綻放、蝌蚪的尾巴消失了、樹葉凋落、小鳥換了羽毛、開始冬眠了。

人類也一樣。而這樣的轉變，通常是自我成長與改變的關鍵時刻，在這樣重要的時刻，假如我們對轉變缺乏了解，就會錯過成長的機會，我們也會繼續以一成不變的方式生活下去。

當今世界改變速度之快，影響了整個社會與經濟，許多曾經被奉為典範的角色與組織，如今也顯得過時了。改變不僅來得快，也更全面、更複雜，超乎我們原本所具備的因應能力，因此，我們都被捲入轉變之中。「長期穩定」這件事，再也不復存在了。

雖然說，世界越來越多元化不是什麼新鮮事了，但今天我們的文化、政治、社會的確比過去更多樣且複雜。拜即時通訊之賜，地表上所發生的大小事件，如今很快就傳送到我們眼前，引起我們的關注、重視與憂心。無論是天然災害如森林野火、水患與地震，或是人禍如飢荒、傳染病、經濟動盪、自然資源受創等，這些消息不再有人替我們過濾或篩選，而是直接映入我們眼簾，讓我們感到不安。

正當改變加速之際，人類的平均壽命也越來越長。換言之，每個人一生當中都將面臨更多的改變。此外，各行各業的創新與進步也需要改變與重新學習。工作的本質也不斷被重新定義。想追求更有意義的工作、與他人建立良好關係，我們都需要學習許多新事物。這些外在環境的改變，會帶來不確定與痛苦，而且對於這些改變，我們通常無法事先做好準備，必須很快做出回應。此時此刻，我們格外需要威廉的引導，帶領我們向自己的過去道別。

1

是的，你再也回不去了

乾脆卸下包袱，輕鬆前行吧

多回憶，你會發現自己有多固執……

「你是誰？」毛蟲問。

「我……此刻，我也不知道我自己是誰，先生。」愛麗絲難為情地說，「早上起床時，我還知道自己是誰，可是從那時起，我已經變來變去變過好多次了。」

——路易斯．卡洛《愛麗絲夢遊仙境》（Lewis Carroll, *Alice's Adventures in Wonderland*）[1]

我開始對轉變這個議題感興趣，是在一九七〇年代初，當時我正經歷自己內在和外在的艱難轉變。其中之一，是我離開了老師這一行，但很快我又重執教鞭了，教授的課程就叫做「身處轉變時」。**這也是我發現的第一條法則：身處轉變期的你會發現，自己會以新的方式來做舊的事情。**

聽我講課的二十五位成年人，各有不同的困惑和危機，相較之下，我自己的問題反而太微不足道了。

那時，我放棄了原來的工作，舉家搬到鄉間一個小社區，並開始著手改變自己的生活方式。照我最初的想法，這種小團體研討會的效果很好，可以讓我們一起思考、解開心中的困惑，度過生命中困難的轉變時期。

課堂上最有趣的，是學員們來自不同背景——有人剛剛離婚或是和戀人分手，有人則剛剛結婚或再婚，其中一位二十六歲的男人更是突然間有了四個小孩。另外還有一位寡婦，和幾個最近剛退休的人，其中一位因為身體因素不能來，由他老婆代替他來聽課。學員中還包括一位初為人母的女士、一個心臟病才發作過的男人，以及一個剛剛升遷的男人（「他不是好得很嗎？」其他人忿忿問道：「來這兒幹嘛？」）。

另外，有三、四個在家帶了幾年孩子後，重新回到大學校園的女人，外加兩個剛剛丟了工作的人、一個剛開始獨立生活的年輕女人。看到我們這些比她老的人，竟然都過得不太好，讓她很驚訝。「一個人在二十三歲時把生活搞得一團糟，還可以理解，」她說：「但到了你們這個年紀，我一定會好好過日子。」有些慚愧地，我們點頭同意，並告訴她，其實我們年輕時也都曾有過類似的想法。

剛開始，學員之間有些不好意思，也不認為彼此之間會有什麼共同點，言語間充滿了敷衍與逃避（例如會說「你還有工作算好的了」、「你夠幸運了，另一半還在你身邊」之類的話）。但是慢慢的，他們開始發現，在這些表象下面，大家都曾有過相同的基本經歷。第一個晚上，我們把這些經歷列在黑板上，發現有三個階段是大家都曾經歷過的：(1)結束，接著是(2)一段時間的迷茫和痛苦，然後導致(3)一個新的開始。而且各種轉變都是如此。

當然，面對這三個階段，每個人的態度都不同。首先，那些主動選擇轉變的人，總是努力淡化結束的重要性，在他們看來，如果承認結束令他們感到痛苦，那就等於承認自己當初選擇轉變是錯誤的。至於那些迫不得已做出改變的人，通常不願意承認新起點就在眼前，他們不願承認轉變會帶來新生，就像前者不願意承認轉變會伴隨痛苦一樣。

但是在面對過渡時期的不習慣及困惑時，這兩種人的態度倒是相當一致：他們都渴望盡快擺脫那種狀態，無論是退回到「美麗的舊時光」，或是勇敢闖進「新生活」，都要比過渡時期讓人好受些。

是誰阻擋你邁向新生活的起點……

當我宣布，接下來要先談的主題是「結束」時，那位年輕母親有些失望。「我跟你們不一樣，你們的孩子都上大學了，」她說：「我孩子才剛出生，我正學習著適應這種生活。」她想要處理的是開始，而不是結束。孩子是個可愛的寶貝（她重複好多次了），但還是會讓她困擾。她問大家：該讓孩子哭多長時間，才不會對身體有害？要怎麼做，才能讓老公願意多幫點忙？

當下教室裡七嘴八舌，大家都給了建議，討論很快就偏離「結束」這個主題。這些話題有趣歸有趣，但是大家給的建議用處都不大，因為都是她早就聽過的老生常談。這讓她很挫折，繼而生起氣來，先是抱怨她老公，接著又埋怨母親從來沒有告訴過她，生養孩子究竟是怎麼一回事，再接下來怪孩子，最後她竟將矛頭指向了我們：「討厭！你們就只會坐在那裡同情地點頭，我都快崩潰了啊！」

她本來是想讓我們提供一些有用的建議，可是很顯然的，早已離題十萬八千里了。不過，這似乎也開啟了下一輪的討論，因為接下來，那位年輕媽媽開始談起自己的生活，以及她曾經多麼渴望當母親。她和丈夫婚後兩年才懷孕，在這之前，他們的生活過得相當開心。兩個人都希望有小孩，但是有了孩子後，他們的生活完全改變了，孩子占據他們太多的精力。

「我們再也沒有時間單獨在一起了。」氣惱平息後，她有些感傷的說：「我真的很喜歡這個孩子，只是覺得以前的自由和輕鬆，現在全都沒了。我們不能再像從前那樣，高興去哪兒就去哪兒，完全按照我們自己的方式生活了。」

這個讓我們的討論主題從「結束」轉到「開始」的女人，面臨著一段過往生活的結束所帶來的衝擊。她所提的那些關於孩子的問題，其實並不是她真正的問題。「我從來沒想過癥結在哪，」她說：「但現在看來，我已經跨過了人生中的一道門檻，再也回不去了。怎麼沒有人跟我談這方面的話題呢？他們都只會說，恭喜你開始新的人生，而我卻在懊惱過去的時光不再。」

事實並非如此。當這位年輕媽媽開始說出自己真實的想法後，立即得到大家的回應，學員們紛紛反饋自己的經驗。那麼，為什麼一開始這個真正的問題會這麼難以啟齒呢？

原因很多。有人覺得，抱怨一件人生中美好的事，甚至為此而憤怒，是不恰當的表現；有人認為，為了過去的事情感到懊悔，根本沒意義。總之，人們往往在結束一段過往生活時，面對各種隨之而來的非預期後果，都會難以啟齒——也正因為難以啟齒，阻礙了他們迎向新生活的起點。

放手，為什麼這麼困難？

因此，我們可以得出這條**第二法則：每一次轉變，都開始於一次結束**。我們必須先放棄舊的，才能得到新的——不只是表面，更重要的是內在心理層面。因為，只有內在因素才能決定我們和他人的關係，才能定義我們是誰。打個比方說，就好像我們搬到了一個新的城市，腦子裡卻裝滿了對過去生活瑣事的記憶：中國餐館在哪？晚上幾點開始營業？鮑伯的電話幾號？哪家鞋店有賣小孩子的鞋？診所何時打烊？……難怪古老的部落裡，當一個人面臨著從一個生命階段跨越到另一個生命階段的轉變時，總要採用一些儀式，來幫助他清除過去的記憶[2]。

我們總是等到外在世界徹底改變時，才意識到自己需要做個結束。我們住進新房子裡、換了新工作、有了新的人際關係，但猛然從睡夢中醒來時，卻發現腦子仍然停留在從前的生活狀態中。或者更糟的，你實際上的行為正在回到過去的生活節奏，而你自己卻根本沒有意識到。我們就像貝殼一樣，在自己生活的水域裡，隨潮起潮落不停張合，即使是被放到實驗室的水槽或餐廳裡，也依然如此。

放手，為什麼如此困難？這是個令人困惑的問題，特別是當我們很期待有所改變的時候。我們會驚訝的發現，自己還緊抓著過去，心想著不改變也許比較好——會不會，我們其實就該回到過去的狀態才對，新的狀態根本不適合我們？尤其是當原來的生活不是很如意時，這種狀況特別容易發生。一個決定擺脫家務束縛、去找份兼職的媽媽，一個厭倦舊工作、剛跳槽到新公司的上班族……這類人照說可以輕易甩掉過去，就好比一個與家人疏離多年的人，通常不覺得自己會因家人的去世而有多哀傷。假如我們孤單多年後好不容易結了婚，或是手頭拮据下突然繼承了一大筆遺產，我們怎麼可能會感受到什麼「失落感」呢？

我們之所以有始料未及的失落感，是因為在某種程度上，我們總是透過生活環境來定義自己。我們對自己的判斷，在很大程度上取決於自己所扮演的角色和所處的人際關係，無論我們喜歡與否。

有很多方法，可以幫助我們度過轉變期，但首先我們必須明白，擺脫過去並不像一加一等於二那麼理所當然。我們必須學會用新的眼光，來審視這場轉變，了解轉變的不同階段，培養一些必要的技能，來度過區隔新舊生活的過渡時期。

不過在這之前，你得先找到**適合自己性格特點**的方式，來面對結束。

事情都過去了……真的嗎？

有一個不錯的方法，就是：先回顧你生命中的各種結束。從你的記憶中搜尋自童年以來，各種與結束有關的經歷。有些結束，可能對你影響深遠，比如親人的離世；有些記憶，可能對別人來說無足輕重，對你卻很特殊，比如父母親某一次離開你去旅行、你心愛的寵物死了或童年好友的離開。不斷搜尋這些記憶，由遠而近，把這些故事寫下來。有些結束可能很難描述，卻曾在你的心靈上留下創傷，比如「純真」或「信任」的結束，或是告別了某種自由自在、不需承擔任何責任的生活，或是不再信奉某個宗教信仰。你能回憶起多少類似的結束呢？

對於這些結束，我們都有自己獨特的反應。這種反應的內在因素，是一種精神狀態、心靈情感或思維模式。就像我們呼吸的空氣一樣，因為對這種情緒太熟悉了，所以很難辨認出它們，但這些情緒，可以幫助我們回想起舊日的那些結束，以及當時的想法與感受。

剛開始回憶時，你會發現，雖然那些事情早已結束了，但當時的感受會再次回到你心中。一段刻骨銘心的戀情走到了盡頭，曾讓你痛苦和困惑，而你可能會發現，跳槽到更好的工作，也會給你帶來同樣的感受。理解這一點很重要，因為這意味著：你所體驗到的感受，與眼前的結束沒有什麼關係，它們是源自於過去。

每一次轉變，你都會展現出自己處理結束的特有風格。這種風格，是你早期經歷及後期影響的產物，也就是你處理外界環境變化及內在沮喪的方式。這種風格，也會反映出你童年時的家庭環境。每個家庭裡，通常成員們會承擔不同的任務：有人承擔所有的痛苦和焦慮，有人扮演安慰的角色，有人接管日常事務，最後還會有一個裝堅強的人，彷彿一切情況都在掌握中。

有時你可能也會模仿或借用一下別人的方式，來應對自己面臨的情況。例如在《呆頭鵝》（*Play It Again, Sam*）的片尾，伍迪．艾倫（Woody Allen）扮演的亨佛利．鮑嘉（Humphrey Bogart）說道：「再、再……再見，甜、甜……甜心。」然後點燃一根菸，獨自走入漆黑的長夜裡。

你會轉身就走，還是欲走還留？

回顧曾經歷的結束，你會認為自己在為過去畫上句點時，是屬於哪種風格呢？是漫不經心、刻意不去想改變所帶來的影響？還是會循序漸進地結束，慢到讓你難以察覺有什麼重要的事發生？在面對結束時，你是積極的，還是消極的？換句話說，是你主動選擇結束，還是聽天由命，等待事情發生？

對於結束，有些人總認為錯不在自己，自己是別無選擇的。在第一次上轉變課時，我們班上就有幾個這樣的人，他們的言行讓其他學員不太爽。畢竟，雖然沒有人敢說自己是命運的主宰者，但多數人會承認，對於正在經歷的轉變，自己都有一定的責任。然而，那些認為自己完全沒錯的人可不這樣想，特別是班上一位剛離婚的男人，他總是說：「她就那樣走了，沒有預警，什麼都沒有，就那樣離我而去。」他不認為那樣的結果是他造成的，甚至有人提及離婚他也有責任，都會讓他忿忿難平。他會把雙手一攤：「責任根本就不在我。」

這個學員從來不能真正理解別人的意思，最後他不來上課了——又是一個他無法避免的結束。有個女學員曾諷刺他，說他是「情感危機的高風險分子」。這也點出了我所要提出的**第三法則：了解自己處理結束的風格，對你有很大助益；但某部分的你，仍會固執地抗拒去了解。**

如果這種回憶的過程，喚醒了你心中這樣的固執，讓你很難回憶起過往的結束，或是找不出自己處理結束的特質，那就順其自然吧。先把你的心情記錄下來，然後用其他辦法去尋找答案。回想一下，當你和朋友共度一晚後要道別時，無論是在房間裡或站在大街上，你會怎麼做？是努力找些新話題接著聊，直到他看上去想要和你說「再見」呢？還是突然說「今晚我很開心」後，隨即轉身離開呢？還有，面對一些比較重要的結束時——例如換工作或搬家——你又是怎麼做的呢？你會和每個人一一道別，還是故意提前閃人，以避免跟大家說再見呢？

對我們每一個人來說，結束都是很難應付的場面，你可能會感到尷尬，但其實別人也有類似的情形。選擇早走和選擇晚走的人，其實都在試圖逃避結束，逃避一件事情的中斷所帶來的不安。你是果斷轉身就走，還是欲走還留，往往取決於你童年時的經驗。當然，你也可能從那時起，就已經明白了結束是不可避免的，而大部分時候也不見得會那麼痛苦，你會果斷地面對結束，避免了拖延下去的夜長夢多。

卸下重擔，你才能輕鬆前行

無論你如何面對，結束，都只是轉變的第一個階段。轉變的第二個階段，是一段時期的迷失和空虛，特別是在生活邁向新旅程之前。轉變的第三個階段，則是新生活的開始。我們會在第六章詳述第二個階段，但這裡我們要先來研究一下有關「開始」的話題。

就像面對結束，面對開始，你同樣有自己的行事風格，透過回憶你就會清晰地看到這一點。追溯你的童年時期，做法就像你在總結自己處理結束的風格時那樣。想像你正在寫一部自傳，你會在什麼時候用「我的新生活開始於……」這句話呢？

轉變和新生，對有些人來說，總是與新的交友關係有關，對其他人來說，則較常與轉換環境或換工作有關。有些人會先在心理上有所準備——建立一個新的自我形象或目標。有時候，開始是有心安排下的結果；但對絕大多數的人來說，人生中的新開始，多少帶有某種神祕且偶然的特性。這一點是很有意思的，因為很多人都認為人生應該「掌握在自己手中」，當我們想要重新開始做一件事情時也要先「做好規畫」。但正如我們即將發現的，我們所謂的規畫大都是不成熟的，因為最重要的開端，總是在我們毫不知情的狀況下悄悄萌發。畢竟，得先有結束，才可能有開始。

於是，我們來到我的**第四法則：先有結束，才有開始；兩者之間，有一段空蕪的時間**。

就像自然界的時序一樣：落葉、入冬，然後綠芽又掛上了褐色樹木乾裂的枝頭。人間萬事，也遵循著相同的規律。可是，結束總會令人感到恐懼。它打破了我們以前對自己的定位，喚醒了充滿傷痛和羞辱的記憶。出於害怕，我們可能會設法終止這三部曲：結束、失落和開始。我們甚至會打亂它們的順序，變成開始、結束，然後是……然後是什麼呢？什麼都沒有。當我們弄巧成拙地亂搞一氣時，轉變，就真的變得費解而又令人恐懼了。

回頭看看自己結束的歷程，還有一個好處，就是：你可以清楚地看到，結束如何引導你走上一個意料之外的開始。不過，回顧也會帶來問題：它可能會使你沉浸於過去，也可能會導致你就算踏上了新的旅程，卻仍然背負著舊日的行囊。

在這生命的轉變關頭，回想一下你過去那些沒有完成的轉變。其中有些轉變，你還可以繼續完成，如果你完成了，你會發現自己更有能量、更少焦慮。你要完成的事，可能是一個遲來的道別、一封被耽誤的信或一通電話。它也可能是關於多年前某個你離開的人，但仍未從你的心中徹底抹去；或者是你舊日的自我感覺、一個已逝的夢想，或是你長久以來收藏在行囊中卻早已放棄的信念。卸下這些重負，你才能輕鬆前行。

我們可以做很多事情來結束過去，但結束了之後，我們又會回到現在，回到一種不確定的狀態。在轉變過程中，我們經常很難說清究竟什麼是結束，結束後又會出現怎麼樣的情形。某一天醒來，你可能發現世界支離破碎，但隔天，生活又步入了正軌。我們有時不免納悶，生活中所有的難關，是否只是我們的想像？我們四處張望，想在路邊找到路標來確定自己的方向：事情究竟發生多大的變化？這種變化又會為我們的生活帶來怎樣的影響？

這些問題之所以難以評估，原因之一在於：轉變對我們造成的衝擊，與促發我們轉變的事件之間，並沒有必然的相關性。離婚或失業，可能會擊垮一個人，但換成另一個人卻可能雲淡風輕；有些人可以承受病痛折磨，但心愛的狗狗走丟了，卻足以令他們徹底崩潰。

恭喜你升官了，可是……

我從一個學員身上，了解到導致這種落差的很多原因。這個學員生命中至今唯一的重大轉變，就是獲得升遷。他很苦惱，卻不明白為什麼，班上的學員對他的反應也都很不解。他告訴大家，升遷後的工作都很順利，但有些改變卻打亂了他原來的生活。我們快速地評估了他的處境——經濟狀況穩定、健康良好、孩子們在學校裡表現很不錯、職業生涯也漸入佳境，換言之，「一切都很好！」他說。其他學員都用奇怪的眼光看著他。

但是接下來，當我們穿透升遷的表象，看見他真實的狀況時，出現的卻是一幅完全不同的景象。

沒錯，升遷將他推上了冰山的頂端。他的公司正在進行大規模重組，他所屬的單位被劃入一個新成立的部門，而他原來的上司，也是他的好朋友，卻被公司解雇了。他現在必須向一堆上級彙報工作，可是他根本不知道對方怎麼看待自己。「我總是在心裡不斷揣測，他們會不會利用我度過難關後，再一腳把我踢開？」他說。

新工作也給他的家庭生活，帶來兩個明顯的變化。首先，他的工作時間越來越長；其次，他的薪水大幅提高。暴增的收入，連同一份他並不想要的房貸，讓他的家庭生活方式產生了巨大的改變。「我不喜歡像現在這樣，大把大把地花錢，我努力向太太說明我的想法，她卻說我們等了那麼久，現在總算可以好好享受了。」現在他們夫妻經常吵架，不再有昔日的和睦。他不贊成妻子揮霍，而妻子則對他每天加班很不滿。

他把時間都放在工作上，也引起其他家人反彈。孩子們抱怨，一家人總是無法湊在一起；岳父母不相信他忙得連拜訪他們的時間都沒有。每個人都不贊成他現在的休閒方式——他原本就喜歡打高爾夫球，現在新的工作夥伴更讓他興致大增，但這一來，卻使得一家人野外露營的計畫老是無法成行。

「然後，我生病了。」這個男人說，疲憊地搖了搖頭：「一切都太巧了！就好像一種奇怪的病毒，在幾週內到處散播。後來，我哥突然死了……」他的聲音越來越小。坐在那裡的他，看起來身心疲憊。

「這就好像骨牌效應。」另一個學員說。我們充滿同情地看著他，升遷為他的生活帶來意想不到的衝擊，他必須重新自我定位，難度難以言喻。他的哥哥在四十八歲時猝逝，而他自己也身染疾病，厄運接二連三削弱了他堅強的外表。他主管遭解雇這事，也讓他變得提心吊膽。

「我以前從來沒有這樣的感覺，」課程快結束時他說：「但是現在，我感覺自己整個人生就像建在結冰的湖面上，表面上一切如常——上班、打高爾夫球、玩樂，還有明爭暗鬥。我夜以繼日地工作，有時還覺得自己做得不錯。但偶爾我又會想：『我正站在冰面上，而冰層正在融化』或是『冰層傳來斷裂的聲音嗎？』我想忘掉這一切，但我的大腦卻不停想著：『該死，我腳下的冰層太薄了！』」

這個人，正處於重大的轉變關頭。表面上，他有待遇優渥的好工作，還有舒適的家庭生活，但實際上，他卻一直在掙扎求生存。他渴望獲得升遷，但也想保有從前那種簡單生活。這次轉變看在任何人眼裡，都是好事一件，但對他而言卻——就像死亡或天災——是一場重大威脅。轉變，開始於他生命中的一個部分，結果卻影響了生活的所有層面。

很少有人像他一樣，能在轉變的巨浪下駐足思考。如果能靜下心來看一看，就會發現乏麻大的小事，往往能造成巨大的衝擊。困惑、沮喪，這些轉變過程中必然會有的感受，在引發轉變的事件和環境中，都能找到根源。有時候，人們已經開始新生活，卻不知道「過去」何時才能真正結束；有時候，往事已然遠去，而「開始」卻遙遙無期。

也許，我們應為這些事件舉行一場儀式

人生中的一些重大事件——離婚、死亡、失業和其他令人痛苦的轉變，通常容易引起人們的警覺。但像結婚、突如其來的成功、搬進夢寐以求的房子，卻往往容易被人們忽略。因為在大家的眼裡，好事是不會讓人陷入困境的。我們會因為生病沮喪，但若說恢復健康也會帶來麻煩，就令人訝異了。就像過重的工作負擔令人難以承受，但休長假，其實也會令人情緒低落。

無數瑣碎的、不易被察覺的事情環環相扣，讓我們的生命就像複雜的戈德堡（Rube Goldberg）機械一樣，換一個小零件，就會完全改變整台機器正常的運作。比如說，好不容易等孩子上學後，媽媽可以到外面工作，多一份收入，全家人多年以來第一次可以出外度長

假，但就在這時，爸爸決定換工作。人生這部機器，不會總是運轉得很順，而這就是生命運作的方式。

接下來，我們要簡單地探討一下，該如何看待這些令人沮喪的事件，以及在生命的特定階段中，它們是如何盤根錯節地糾纏在一起。但現在更重要的是，你要對自己的人生狀態有清醒的認識。想想看，在過去幾年中，將轉變帶入你生命中的是哪些事件？在你的哪個生活領域，轉變得最明顯？為了幫助你回答這些問題，我列出了以下事件，有哪些是你正在經歷的呢？

失去和某個人的親密聯繫

在過去幾年裡，你失去了和哪些人的親密聯繫？請列出每一項內容：配偶去世、朋友遠離、夫妻分居、孩子離家，或是和某個朋友變疏遠了。此外，也包括心愛的寵物死了、因為某種原因失去了心目中的英雄，或是讓你的人際關係範圍縮減的其他事件？

家庭生活發生了變化

結婚、生小孩、配偶退休、生病（或者是康復）、重返校園、換工作、搬新家或重新裝修老房子、家庭氣氛變得緊張（或緩和），或其他會改變家庭生活品質的事件。

個人的轉變

生病或日漸康復；獲得令人稱羨的成功，或是遭遇慘痛的失敗；改變飲食習慣、睡眠方式或是性行為；進入或離開學校；生活方式大幅改變，或大膽改變你的外型。

工作和經濟方面的改變

失業、退休或換工作；在公司的工作有變動；加薪或減薪；新的貸款或抵押；發現晉升無望。

內在的改變

心靈覺醒；社會意識和政治意識的深化；更具有洞察力；自我形象和價值觀念的改變；

找到新的夢想或放棄了從前的夢想；或是其他任何一種無以名之的轉變，讓你意識到自己正在改變中。

這樣的事，為什麼發生在我身上？

湯瑪斯．赫姆斯（Thomas Holmes）和理查．雷黑（Richard Rahe）兩位精神科醫生，曾經列出一份生活事件表，並創建了一種計分體系，來為每一種轉變給人們帶來的衝擊進行統計研究。從輕微違規，到配偶的死亡，壓力值大致在十一到一百之間浮動。有數以千計的人接受測驗，看看他們的得分是否會影響他們在接下來一、兩年內的健康狀況。

結果令人驚訝：壓力值合計低於一百五十的人，屬於「正常」群體，在接下來的兩年中患重病的機率為三成左右（這一時期，美國人住院治療的機率平均為兩成）；如果壓力值在一百五十到三百之間，健康發生問題的機率就上升到了五五％；如果壓力值超過了三百，就像前面提到的那個獲得升遷的學員一樣，那麼在接下來的兩年中罹患重病的機率，高達近九〇％[3]。

這樣說來，那位學員會生病就不足為奇了。也難怪那麼多人在退休後不久，就發現自己被病魔困擾。這可能會讓你對蜜月期間的感冒頻率好奇，並由此理解轉變不僅會影響我們的心理和社會行為，同時也會影響我們的健康。

現在我們已經清楚，轉變不僅僅是心理上的感受。事件不斷發生，堆積在我們的周圍，我們必須在內心做出改變以適應外在的變化。當然，並不是所有轉變都會對我們造成重大影響。不過，確實有一些結束為我們以往的生活畫上句號，而有一些開始，則為我們打開了新的生命樂章。

被我們視為私密的這些人生的轉捩點，在原始的部落裡通常會舉行公開的儀式。在生命的每個特定階段，這些部落居民都有相應的轉變儀式，在象徵性的死亡後迎來新生。

自從一九七六年蓋爾．希伊（Gail Sheehy）的《人生變遷》（*Passages*）一書出版後，出現了一批相關的研究論著，試圖釐清一個共同的問題：成年時期應該分為哪幾個自然階段？人在哪個時期，會發生哪種特定的轉變？

我也曾對轉變進行過許多研究，我認為，在當今的多元文化體系下，沒有一種轉變模式適用所有人或完全適用某一個人。每一個轉變過程，你都只能瞥見自己身上的某個層面，因此將所有的轉變都記錄下來，你就得到了一個關於自己生命過程的曲線圖。

這樣做會很有用，因為除非是在個人轉變的某個特定時刻，否則我們不會認為它們有太大的意義。你或許會說，大不了就是「這個結束了，那個開始了」，可是當我們發出「為什麼」的疑問時，轉變的深層意義就出來了。「為什麼這樣的事會發生在我身上？」我們會問：「為什麼是現在發生？」

接下來，就讓我們一起來回答這些問題吧。

2

放手，怎麼這麼難？

生命中的兩大轉捩點

人生的每個階段，都有一種任務。
如果任務無法完成，意味著你會把這個沒完成的功課，帶到下一個階段的人生。

怪物斯芬克斯（Sphinx）之謎：什麼動物早上四隻腳，中午兩隻腳，晚上三隻腳，只能發出一種聲音？

伊底帕斯（Oedipus）解答：人。

前面這個斯芬克斯之謎不只是一道機智測驗，還隱含了一個人如何在這個世界「立足」的大智慧。它點出了人生的兩個關鍵轉捩點：第一個轉捩點，是懂得用「自己的兩隻腳」行走——也就是從依賴他人，轉變為能脫離依靠，獨立生活。第二個轉捩點，是人生的垂暮之年，多出了第三隻腳——一根拐杖。在伊底帕斯神話中，拐杖不僅預告了生理的衰老，還隱含著受苦、深刻的內省，以及從因循守舊中解脫的一連串變化。

從現代的成人發展理論來看，如此描述生命實在也太簡化了點。我們完全錯過了艾瑞克森（Eric H. Erickson）「性格認同危機」的青春期、蓋爾．希伊「什麼都試試」的二十來歲、萊文森（Daniel J. Levinson）「安頓下來」的而立之年——更別提那大家都聽過的「中年危機」了。成人發展理論當然值得更深入探討，但也不要因此而小看了斯芬克斯之謎的啟示。這道謎題提醒我們，人生有三個不同的自然階段，每個階段都有著重要特徵。要從一個階段過渡到另一個階段，我們每一個人都會面對某些難關——這並不是一件簡單的事。

在這一章中，我們要來看看生命歷程中的各種轉變，以及在我們不同的人生階段裡，會發生哪些變化。也許當你身處在轉變的混亂中，很難有餘力去思考那些更大的問題，但是最終你還是得去處理它們，理解發生了什麼、為什麼會發生、在什麼時間發生，以及會怎樣發生。換句話說，我不是要你在航行中遇到暗礁時，停止舀出船上積水，而是要你空出一隻眼睛，瞄一瞄地圖，想一想你的小船接下來要往哪個方向走。

老了？我覺得自己都還沒長大咧……

斯芬克斯之謎裡提到的轉捩點，既不是指單一事件，也不是單一的轉變期。比如說，從依附到獨立的轉變，通常包括了一個人與父母世界漸漸發生的分離感，以及打造自己觀點時所發生的各種價值觀和內在變化。就算我們已經脫離父母獨立很久，也不等於徹底完成了這樣的過程，我們甚至可能一直到三十、四十、五十歲，都仍在一點一點地改變。

而往往當我們好不容易完成了年輕時的第一個轉變，用不了多久，下一個巨大的人生轉變又擺在我們面前了。「老了？」有人常會這樣調侃自己：「我都還沒脫離青春期呢！」說這話的人，我們都能理解他的意思。通常三十多歲時的我們已經能察覺到，自己所關心的焦點，已經從年少時的那些老問題，變成了中年以後該怎麼辦的新問題了。

今天，身處工業世界的我們，傾向於把很多事情都當作工業產品來看。我們看待一個人的人生，就跟看待一輛汽車一樣，經歷著生產、使用到損壞的過程。我們常會把人類的成長，比擬成機械產品——從「未加工」的粗胚開始，一直到成為「可以被使用」的產品；一旦產品完成，所可能發生的不外是「故障」和各種需要維修的症狀而已；每當需要維修，只要找到故障的零件，然後再像生產時一樣，把這些零件一一重新組合在一起就行了。就像修理汽車，你會先支起車身，然後添裝零件、安上外殼，最後烤漆。那麼人呢？想像一下：步驟幾乎一樣——我們會先充實自己，把各種知識與經驗一樣一樣加起來，最後你就是個「製成品」了。

但是，職場專家們常用的 de-velop-ment（原意是「開展」），其實並不適用於沒有「生命」的產品。一台福斯汽車，不會在五年後變成富豪轎車；四排檔的車子，也不會「成長」為五檔。硬將人和產品拿來類比，導致了我們對人性極嚴重的誤解。我們需要用一種全新的方式，來思考生命。

一九七六年，蓋爾．希伊的《人生變遷》首開風潮，這本副標題為「成人生活危機四伏」的書，言之鑿鑿地說意識到自身所經歷的變化是有意義的。希伊提到的兩位專家，也推出了自己的作品，其中羅傑．庫德（Roger Gould）的書名是《轉變：成年時期的成長和變化》（*Transformations: Growth and Change in the Adult Years*），萊文森則出了本《人生四季》（*The Seasons of a Man's Life*）。這些年來，隨著嬰兒潮世代紛紛走進了中年，大量探討中年危機的書也應勢而起。你會感覺就像看到一張地圖：過去，人生下半場的部分是一片空白；現在，卻被標示得巨細靡遺。

然而，這並不等於人們就因此能有清楚的理解。就像早期的地圖，同一條河，有的探勘員把它畫在這兒，有的把它放在那兒，還有人說那附近根本就沒有河。換句話說，理論從來都沒少過，問題出在理論家之間的巨大分歧。

斯芬克斯之謎，可以幫助我們跳出這樣的困境。你將會明白，推動人生兩次大轉變的能量，其實是貫穿整個生命的：第一次大轉變，是我們結束長期形成的依賴性，以及確立我們在社會中的獨立性；第二次大轉變，則是我們在獨立之後又去尋求一種和人群更複雜、更深刻的連結感；緊隨而來的人生第三個階段，則處處都有這兩次轉變所留下的影響。這些轉變的細節，雖然不見得會按時間順序出現，但在生命的長河裡，你總有一天會體驗到。

你的童年，是什麼時候結束的？

說到童年的結束，你會聯想到什麼？

第一次性經驗？還是舉家遷徙到一個陌生城市？你或許會想起某一個多年前的嗜好，或是某一段感情的結束。或許，你沒有什麼明確的聯想——沒什麼大事可回憶，也沒有特別的場景，可能只是你獨自從學校走回家，或坐在臥室裡眺望窗外時的感受。總而言之，你知道自己不一樣了，那個年少的你，已經像昨天的雲煙一樣，消逝得無影無蹤了。

和很多古文明一樣，原住民文化也很重視這個人生轉捩點。他們會將一個人邁向成熟的漫長過程，濃縮成一次具有紀念意義的事件，戲劇性地完成一個年輕人從依賴到獨立的轉變。通常這一類的成年儀式，也會為一個人日後的人生走向定調。

回顧你人生中這個早期的轉捩點，是很有意義的，因為你在這個轉捩點上的做法，很可能就是你日後處理轉變的模式。

我自己就是這樣。小學快畢業時，我從一個小鄉鎮搬到一座小城市，從一個很小的學校換到了一所大學校。我以前的朋友都是很單純的孩子，和他們在一起我感覺很自在，就像在自己家裡一樣。但突然間，一切全變了。我現在這個學校的孩子，都很注重穿著打扮，過著城市生活、追求時尚。為了融入他們，我改變了自己的生活方式，有時覺得自己像個流落異鄉的人。或許就是這樣的經歷，讓我習慣於把生命中的轉變，理解成某種生活方式的改變，以及地理位置的變遷。

瓊安的狀況，則跟我大大不同。她是我第一次開課時的學生，四十歲左右，已經與丈夫分居好幾個月。剛開始上課的前幾個星期，她幾乎不開口講話，似乎被過去的痛苦給搞慘了。正像她自己後來所說的，她被禁錮在過去的世界裡，拒絕開始新的生活，她不知道該怎麼做，才能完全遺忘過去。

有一天上課，她終於開口說話了。她告訴我們不久前一個傍晚所發生的可怕事件：她在一條蜿蜒崎嶇的路上開車，轉彎時迎面而來的刺眼車燈，讓她的眼睛睜不開來。為了閃避一輛車，她的車衝出了路面，車子嚴重損毀，她也受了傷。

不可思議的是，她好像因此復活了！接下來的幾天，她找到了一份兼職工作；為了節省開銷，她搬去和朋友合住；而現在，她破天荒的，竟和同學們聊起天來。

她一再地說，那次真是太可怕了！她差點兒害死另一輛車上的駕駛。「那個當下，我明白了什麼叫做生死。」說著說著，她哭了起來，「我也明白了多年前媽媽的心情。十三歲時的那場交通意外，改變了我的世界。那天早上，媽媽開車送我們去學校，不小心撞上了一輛貨車，妹妹嚴重受傷，我也有好長一段時間沒辦法上學……」

我們靜靜坐著聽她講，一方面是因為她滔滔不絕，一方面是被她的不幸遭遇給嚇到了。她說，自從那次事故後，她母親變得很消極，後來連家務都撒手不管，她也被迫擔負起做飯和打掃等家務。「就這樣，我失去了美好的童年，全都是因為那次意外。」我們聽著聽著不禁納悶起來：瓊安會不會是刻意讓自己遇上那場可怕的意外，讓自己擺脫過去的那段記憶？還是說，真是這場車禍意外喚醒了她，讓她意識到自己早該與過去告別？

或許，兩者都是。

無論是我、瓊安或你，在告別童年時，我們都有某種記憶猶新的轉變，而我們正是以那樣的經驗為本，在潛意識裡為我們日後的轉變建立某種模式。當初，既沒有什麼正式的儀式，也沒人來指導我們，也難怪我們日後會一再重複這樣的模式了。

童年的結束，是人生從早晨（依賴期），轉換到中午（獨立期）的必經過程之一。轉變之後，你開始有了一個新身分，再也不是那個懵懂的小孩了。在古老的傳統社會裡，新身分部分會由一個人的地位、氏族等因素所界定，並在舉行特定年齡的轉變儀式中，由守護神、祖先或者領袖給他取一個新名字，賦予一種新的天命意識。

然而，對現代的我們來說，這些古老儀式大都已不存在，今天的我們普遍相信：我們現在的樣子，都是小時候「組裝」出來的。心理學家艾瑞克森就解釋了一個人如何在青年時期形成「身分認同」，如何嘗試透過扮演不同角色，體驗各種關係。例如從女兒、運動員、學生、女朋友、女演員、姊姊、保母、閨中密友、靦腆的人、有正義感與夢想的人等等角色，我們漸漸發展出自己的樣子。這是青少年時期的重要任務，照艾瑞克森的說法，這叫做「生命中這個階段的使命」。

人生的每個階段，都有一種任務。如果任務無法完成，意味著你會把這個沒完成的功課，帶到下一個階段的人生。對我們大多數人來說，其實都沒有在年輕時就把這個人生功課做得很完美。也因此，日後每當我們遇上轉變，很多老問題就會再度出來糾纏我們。

「我覺得自己好像又回到了十六歲，」班上的一位女學員說：「離婚粉碎了我六年來的一切，現在我得去嘗試一種不同的生活方式，扮演不一樣的角色，連自己的性格也幾乎全變了，我一下子好像又變回了青少年。」對她來說，這是個充滿挫折的經驗。不過，當我們討論了轉變如何引發埋藏在過去的問題之後，她發現：當她坦然地接受這是自己必須面對的人生功課時，她會變得樂於迎接人生中的轉變。

原始部落的人，通常能順利地從青年時期過渡到成年時期，但對現在的大多數人來說，卻很難辦到。相反的，在緩慢的轉變過程裡，我們的依賴性往往會多拖上好些年。我們繼續飯來張口、茶來伸手，蜷身於父母的庇護下；即便遇上一點困難，也會求助於父母。但是總有一天，我們得靠自己生活。對大多數人來說，下一個重要的人生轉捩點，就是：離開家，真正地獨立生活。

你從什麼時候開始脫離父母，獨自生活？

說起「獨立生活」這個人生階段，你又有些什麼樣的記憶和感受呢？

也許，你會想起和幾個朋友合租一間公寓，找到第一份工作，可以養活自己；也許，只是一連串的改變——例如離家求學（但經濟上仍然靠父母）；找到一份兼差（但還是得跟父母借錢來完成學業）；最後畢了業，存到足夠的錢來還給父母。有些人想到那個時期，心情會頗難過：「我想我沒有真的獨立，」班上一名女學員說：「我現在五十歲了，直到孩子們都長大離開家，我才真正嘗到自己一個人過活的滋味。當年離家後很快就結了婚，我只是換了個依賴的對象——老公——而已。」

關於獨立，每個人的經歷不太相同。作家狄更斯（Charles Dickens）不到十歲，就在倫敦的一家地下工廠當童工，在附近的貧民窟裡靠自己的聰明餬口度日。童年的不安全感，一輩子都緊跟著這位早熟獨立的作家。

我認識一位老人則正好相反，他一直到七十歲都還跟父母一起住，在家族企業裡為九十五歲的老父親工作。對這位老人來說，安全感一直不是問題，他從小就生長在熟悉的家庭小圈子裡，沒經歷過什麼複雜的人際關係，也沒有體驗過殘酷的職場競爭。當然，這是兩個極端的例子，但我們都不難理解，每個人都有屬於自己的經驗。

當一個充滿依賴性的孩子，漸漸成長為獨立的成人之後，接下來會發生什麼事呢？首先，剛脫離父母生活軌道時的興奮與不安，會漸漸淡去；然後，新的問題會漸漸出現；我們所關注的焦點，也會從離家的過程，慢慢轉移到找尋合適自己的生活方式，心理學家萊文森把這樣的轉變，稱為「走進成人世界」[2]。艾瑞克森認為，這個階段的主要任務，是打造新的人際關係，並藉此試煉我們與別人建立親密關係的能力。我們也可以說，這個時期就是在「找自己的位子」，而我們要在過程中學習與累積，擔負起責任。

有些人在這個階段的進展很快，結婚、生子、投身事業，他們很快地找到自己的位子，一口氣把很多責任攬在身上，但卻缺乏足夠的經驗。對這種人而言，人生這一個階段的轉變，全濃縮到「成家立業」的這一大步裡。

另一種人則正好相反：人生沒什麼進展，老在換工作、換房子、換交往對象；他們可能會先休學去工作了一陣子，然後又重返校園；除了這裡玩玩那裡走走，什麼也沒做。對這種人來說，「找自己的位子」，意味著一場又一場持續很多年的轉變。

做這個比較，並不是想說明哪一種方式比較好。我只是想強調，無論一個人的生命體驗有多麼大的不同，其實都是在完成人生一個最基本的任務——從充滿依賴，到獨立自主的一種轉變；從渴望脫離童年，到找到自己定位的一種轉變。

實際上，這裡沒有什麼所謂「正確的」方式，每種方式都有價值，也都會讓你得到應有的回報。那些過早找到自身定位的人，可能會在未來的某一天覺得遺憾，因為他們在把家庭責任扛上肩膀之前，沒有多看一看這個世界，沒能更深刻地了解自己；而那些總是在遊蕩的人則可能會想，自己是不是混得太過分了，錯過了應該安頓下來的好時機？

三十而……心很亂啊！

無論你是哪一種人，通常當你在接近三十歲時，心裡會開始冒出很多疑惑。萊文森稱之為「三十歲轉型期」，羅傑．庫德則稱之為「睜開眼睛看自己」——一個更趨向務實的人生階段[3]。無論怎樣稱呼，都意味著一個開始反省過去的時期。

這是我們人生最重要的一次轉型期。在我班上，有三分之一學員的年齡約在三十二、三歲之間，他們在許多方面都展現出高度共同性——甚至連「否認他們具有共同性」時的方式也非常一致，這點連他們自己都感到意外。

例如，安剛離婚，馬特則決定要結婚了；有人第一次找到一份有意義的工作，有人則正要放棄優渥的工作，因為他們發現自己志不在此；三十二歲的莎麗，開始認真地推算自己還剩幾年時間可以安全產下第一個孩子，而貝蒂則剛和前夫大吵一架，因為她要前夫負責照顧孩子，好讓她可以重回職場。表面上，每個人的問題都不同，但表象之下，每個不同的轉變，都開始於這樣的發現：**你原本所扮演的角色和所擁有的關係，就如同穿了件不合身的衣服一樣，在身上綳得緊緊的，讓你動彈不得。**

「我甚至想不起來，當初是如何陷進這份該死的工作的！」有天上課時，陶德帶著厭惡的神色說：「我念研究所無非是想要做出點什麼出來，但現在，我整天和舊紙堆打交道，填那些高中生都會填的表格。而且，還得跟那些人一起工作！他們甚至不了解我——也許他們根本就不在乎。」

珍妮一臉困惑，聽著大家你一言我一語的討論。「你們的話在我聽來，全都好奇怪。打從來這個班上課，我就很羨慕你們的穩定和安全感。我不斷在想：『什麼時候，我人生的追尋才能結束？難道我只能等著自己老去，然後跟幾隻貓一起生活，繼續在任何地方都待不上兩年？』我再也不想到處搬家了，我想要有一間屬於自己的房子，渴望回到家時能關起門來安全地數鈔票。我的生活總是在不斷地追尋和冒險，我累了。」

像這樣的人生回顧，通常會讓邁入三十大關的我們陷入心情上的困境。離家獨立以來，這可能是我們第一次真正為未來感到憂慮。在這段時間裡，我們通常會感到非常孤獨，因為能跟你談論這類問題的人，通常也一定正經歷著相似的人生階段。我以前是不是錯了？我是不是早該在二十五歲就將一切想清楚點……諸如此類的想法，總是糾纏著你，加深你的沮喪。

原來，三十歲的人都跟我很像……

維也納心理學家夏綠蒂．布勒（Charlotte Buhler）在研究過數百篇傳記後發現，儘管在物質上對父母親的依賴在青少年晚期就會結束，但許多人在快到三十歲時，還是沒能成功建立起獨立承擔責任的能力。這個年紀的人，似乎只是理論上的「成年人」，就像一段臨時插入的人生片段，為接下來真正的成年期預演而已[4]。

萊文森對現代男女生活狀態的研究，也得出了類似的結論。他將二十二到三十三歲這段期間，稱為成年人的「學徒期」。把三十歲——而不是二十一歲——訂為人生第一個重要的分水嶺，也許會更恰當。

在「學徒期」，轉變會讓我們顯得特別尖銳與焦慮。因為我們似乎想走回到過去，回到那個有人可以倚靠、卻是你當初一直想逃離的階段。這時候的你，可能剛搬了新家，找到一份新的工作，或是剛結束一段戀情，不管是哪一種情況，你會覺得自己彷彿又回到了原來的起點。

「我不得不重新開始，」一位三十歲的學員說，他以前做生意，現在是老師。「我覺得自己錯過了人生第一次起跑的時刻，只能瘋了似的拚命追趕。」「我會覺得自己正在倒退嚕，」另一個學員說，他十八歲結婚，現在二十八歲，正和妻子分居。「我覺得自己又回到了少年時期，我正在想說要不要把衣服拿回家給我老媽洗。」

這樣的心情，其實是再自然不過的事，你大可不必太在意。弄清楚這些心情背後真正的原因，才是最重要的。

過去的一切已經隨風而逝，你可能會覺得自己一事無成，但這不代表你做錯了什麼，或是你白白浪費了十年的時間。這只是表示你正處於生命中一段自然且短暫的階段，接下來要做的，是重新調整及更新你先前的想法而已。現在的你，正處在成年人學徒期的尾聲。現在的你開始了解人生的種種規則，也在觀察自己哪些事做得好，哪些做不好。重點是：接下來，要往哪裡走？

在人生的這個轉捩點上，有些人會壓抑內心想要改變的念頭，拒絕這場轉變所帶來的成長機會。在他們眼中，這段時期是安穩人生中一次意外的變調。短期而言，這種人似乎是幸運的，他們不用像其他人那樣，痛苦地花時間與心力去處理內心所需要的調整。但長遠來看，他們失去更多。把時間拉遠一點，我們就會看到，這種人就像豪宅裡不堪一擊的脆弱擺飾，是企業裡唯唯諾諾的人。

但對更多人來說，人生的這次反省給了他們一個看清自己未來方向的機會，或者說，讓他們認清了一些指向未來方向的目標和計畫——是他們在這之前從來沒想過的。三十多歲，正是一個適合重建承諾或更新舊承諾的好時機，萊文森以「族群」（tribe）來統稱這樣的一群人。所謂的「族群」，可以是一個正式的組織，可以是職業，也可以是種族，人們生活在其中，成為它的一部分，獲得某種身分——男人、女人、工人階級或是人類。對每個人來說，屬於某個社會族群，有其重要的意義。儘管萊文森在書中所探討的對象是男性，但他在「三十歲轉型」之後的這段話，對女性同樣適用：

三十歲，是一個男人以成年人的身分加入族群：找到自己的定位，帶著承諾投入社會並負起責任、養家活口、為事業打拚，為族群的生存和幸福貢獻出自己的力量……在安頓下來的這個時期，每個人都和族群關係緊密，為了滿足族群的需要而努力著，並從中獲得認同和回報。[5]

我發現，能夠把握這個階段，依照自己的能力和需求，重新自我定位的人，將來往往會十分成功。至於那些硬是堅持不改變的人，往往在四十歲左右會遇到更大的難題。換言之，三十多歲這個轉型關卡，能為我們往後數十年的人生定調。

中年危機？都是鏡子害的……

下一個要提到的人生轉型期，曾經是個很熱門的話題：中年危機。我曾經也相信中年危機論，那時我剛過四十歲，正開設第一期的轉變課程班，嘗試探索「成人發展」這個領域。但是現在三十年過去，我有了不同的看法。

首先，別再說人生有一個、三個或六個危機。成長這件事，本來就意味著各種前進與後退、變與不變的選擇。人類的生命就像自然界萬物一樣，以不易察覺的緩慢速度積累著變化。我們必須理解，這就是轉變的過程，而不是真有所謂的中年危機這回事。

其次，我們應該要記住一點，不是所有的人在四十歲時都會發現人生就此停滯不前了，或是你的人生就此蓋棺論定了。事實上，大多數的人剛過了三十歲，就會發現生命是以一種交替變化的方式向前推進著：穩定、變化、穩定、變化……所謂的中年危機，只是我們在學徒期結束之後，第一個面臨的大改變。這種大改變，有時候未必發生在中年。「我一直到五十五歲才遇到中年危機，可能來得有點晚，」湯姆邊說邊靠在椅背上：「不過，我還是走過來了。」去年，湯姆賣掉了他的家具店，現在他說自己「已經覺悟了」。

關於「中年」危機，還有另一個問題：導致中年危機的原因，並不僅僅是眼前的因素，其中還混雜著許多過去的因素。有些事情，看來充滿了希望，有些則令人絕望；有時候我們看見的是孩子們長大了，有時候看見的是自己老了；有人說人生四十歲才開始，但也有人說四十歲是結束。

「第一個讓你感受到危機的，是鏡子，」課程還剩下幾個晚上，有天貝蒂在課堂上說：「我一直覺得自己是十多年前的樣子，直到有一天我看著鏡子裡的自己說：『老女人你是誰？那個叫貝蒂的女孩哪兒去了？』」

在公司裡，四十歲的你開始意識到，和年輕同事之間的代溝正在不斷擴大。就像在不知不覺中，你們中間多了一道跨不過去的國界。在整個組織架構中，年輕人、老年人各就各位，只有中年人喪失了自己的歸屬感。

其實，當我們到了這個年紀，本來就該重新評價自己一路走來的夢想和計畫。就像王爾德（Oscar Wilde）曾經說過的：「上帝用兩種方式殘忍地對待我們——一是否定我們的夢想，二是給予我們夢想。」如果你的夢想已經實現了，你會問：「這就是嗎？這就是我想要的理想人生嗎？」如果你的夢想沒達成，就會發現自己處於存在主義心理學家詹姆士．布金托（James Bugental）所謂的「神經質」狀態：「我想我永遠無法成為公司的領導人了……我不可能有孩子了……我永遠當不了大作家了……我永遠別想發財了……我永遠出不了名了……」很多人都會在這個時期，意識到原來自己一直在巴望著拐杖上能開出鮮花來。

真是這樣，當然令人沮喪，但換個角度想，這也為我們打開了一扇門，讓我們採取新的行動，發現新的成就——如果你繼續耽溺在過去的夢想中，就不可能看到這扇門。假如能從過去的困惑中超脫，清醒地認識自己，許多人最終都會發現自己最想做什麼事，想要成為怎樣的人。聖雄甘地在五十多歲時才發現，自己的使命就是宣導非暴力抵抗；西班牙作家塞萬提斯（Cervantes）在比甘地更老時，才開始他的作家生涯；莎樂美（Lou Andreas Salome）成為心理分析學者時，已經年過六旬；更別提祖母級的畫家摩西婆婆（Grandma Moses）和肯德基爺爺（Colonel Sanders）[6]。

擺脫現實，到寂靜的山林中反思和學習

有些專門給中年人和銀髮族的書，說五十歲的你該做什麼，而七十歲的你又該做什麼。我認為這類建議會誤導讀者，因為中年之後的人生，不須再被區分為不同階段。以前，當我們試著學習獨立生活時，是可以分成幾個階段一步一步來。但是現在，當你想拋棄原來的生活方式和人際關係，恐怕就沒法這麼做了。我們能感覺到人生正在改變，但會怎麼個變法，卻沒有確定的模式。

步入這個階段的人，生活上的大改變通常不是因為自己做了什麼，而是其他人的行動所造成的。例如，孩子要結婚了、搬出去住，或是你同輩們的生病與死亡，都會為你帶來不可預料或不願面對的轉變。然而，就像前面所說的，每一個轉變都是一場結束，為我們新的人生與成長開啟一扇門。

在這生命的第二個重大轉變期——斯芬克斯之謎所說的「拄拐杖階段」——最重要的，是你對自己的期望。這個期望通常與我們所生長的文化與家庭背景有關。在東方，老年被視為人生的顛峰，因此備受尊敬，擁有非常大的影響力和深刻的智慧；在古印度，在曾孫出生那一刻起，一個人才能真正成為一家之主，才算是圓滿了人生。

現在，你的人生來到了另一個轉變關口，準備迎接下一個生命階段——林棲期（Forest-Dweller）*。用宗教史學家休士頓．史密士（Huston Smith）的話來說：

> 這一時刻來臨時，我們才真正開始學習當一個成人。開始想弄清楚自己是誰，生命的意義何在。多年來，「我」和自己朝夕相處，卻又如此陌生，在「我」的身上，究竟隱藏著什麼樣的生命奧祕？在我們所見的表象之下，隱藏著什麼樣的力量，賦予這個世界活

---

*傳統的婆羅門教，把生命劃分成四個階段：守貞生（獨身的虔誠學生）、居士生活（結婚的家居生活）、林棲期（在森林居住時期）及遁世期（雲遊的禁欲者）。

力與秩序？一切又是為了什麼？[7]

正如「林棲期」所暗示的：這個人生階段的轉變，會讓我們從煩擾的現實世界中超脫出來，到寂靜的山林中去反思和學習。

這個改變與退休不同，因為它關乎我們「朝」哪轉變，而不是「從」哪轉變。過了中年，我們越來越看重生命的意義，對名利上的成功越來越淡然。班上有個學員是這樣說的：「我很早就退休了，但不是為了圖清閒。那種在海灘上曬太陽、在花園裡蒔花養草的退休生活，我壓根兒沒興趣，我只是想花點時間來……呃，思考。聽起來有點好笑，我不是什麼絕頂聰明的人，平常只會賣東西，也沒看過幾本書。但我就是想花點時間來想一想，原因我也說不上來。」大家一邊聽，一邊點頭表示深有同感。

在瑞典精神病學家榮格（Carl Jung）的眼中，這種轉變在中老年的病患身上很常見。他曾經這樣描寫某個病人：

成為一個社會上有用的人，雖然也很不錯，但已不再是他的人生目標。而當他不想把自己的創造力貢獻給社會時，他轉而用這股創造力來讓自我成長。[8]

人生走到這一步，看來已經趨近於成熟。這也是為什麼，我們很難從外在的變化來看見一個人的改變。

奧德賽啊，多麼痛的領悟……

人生下半場的轉變，比人生上半場要來得更神祕，而我們通常會認為那只是年歲漸老的結果。在生命的前半段，我們會有意識地深耕自己的社會角色及人際關係，但是現在，這些都已成為過去。此時的我們，對於前半生致力的目標已不再感興趣，而會對心理與心靈層面的事越來越投入。

從人生的早晨到午後，從兩條腿到三條腿，這些變化在荷馬的《奧德賽》（*The Odyssey*）中有清晰的描寫。主角奧德修斯已過中年，比特洛伊戰爭中的其他英雄年紀都大，妻子是潘妮洛普（Penelope），他們有一個快要成年的兒子。奧德修斯在返回綺色佳島（Ithaca）

的途中遇到了重重險阻，本來三週就可到家，結果卻變成了十年的旅程。

《奧德賽》講的，不只是一個關於航行的故事，而是帶有更深的寓意，是一部關於一個人在俗世中長期糾纏之後的轉變歷程。《奧德賽》在「回家」這主題上深入人心，很值得我們在這裡多談一些。

這個故事打從一開始，就讓我們看見困難。據奧德修斯自己說，他們剛贏得特洛伊戰爭的勝利，就馬上遭遇了一次大挫敗。奧德修斯和十二個船員在愛斯莫羅斯（Ismaros）海邊的小漁村上了岸，想要搶奪一些食物和酒，以備回程旅途之需。對這些夷平了特洛伊城的勇士們來說，愛斯莫羅斯根本不是對手。但是沒想到，士兵們搶掠的時間太長，酒喝太多，以至於在他們還未醒來，一個鄰近的部落策馬從山坡上衝下來，將他們打得落花流水，勇士們傷痕累累地回到了船上。

為什麼會這樣？究竟是哪裡出了問題？這種場面原本就是奧德修斯的強項，可這一次卻灰頭土臉。發生在愛斯莫羅斯的這段插曲，為整個故事定了調。在整個旅途中，奧德修斯漸漸發現，自己踏上生命中的奇特境界——過去對的事情，現在都成了錯的。就像我們大多數人一樣，奧德修斯並不擅長學習新知，或者說，他根本就不懂得要從生活中不斷學習。他之所以在中年時期遇到了那麼多磨難，就是因為他不善於學習。當然，也正是這些磨難，成就了他的聲名。

看看他，正試圖通過斯庫拉（Scylla）岩礁和卡律布迪斯（Charybdis）漩渦之間的狹窄海域，四周都是海妖，還有令人聞之喪膽的漩渦。女巫瑟西（Circe）告訴奧德修斯，只要他放棄對抗，就能安然通過海峽。奧德修斯不接受，並宣稱自己是偉大的奧德修斯，從不懼怕戰鬥。「魯莽的人啊！」瑟西回答說：「你以為這是一般的戰爭嗎？到如今還不向不朽的神靈屈服嗎？」

奧德修斯到達海峽時，完全把瑟西的禁令——無論如何都不要引起戰鬥——拋在腦後。「我穿上盔甲，手中拿著兩枝長矛，衝上了艦首的甲板。」他獨自站在船頭，在一個英雄主義早已過時的年代，扮演著英雄的角色！

在上述情節中，奧德修斯從女性角色獲得了幫助和智慧。在荷馬史詩《伊利亞德》（*Iliad*），一切自然都是由男性主宰，但是在奧德修斯的長途歷險中，他卻總是需要向女性尋求幫助。而且，奧德修斯的整個返鄉旅程，就是為了一位女性——他的妻子潘妮洛普。回家，對奧德修斯來說，就象徵著回到他另一半的身邊。

可憐的潘妮洛普，被上百個求婚者糾纏，他們強行居住在奧德修斯的宮殿裡又吃又喝，她只能將那件壽衣織了又拆，拆了又織，以此來拖延時間。*

如果這個故事不是以奧德修斯，而是以潘妮洛普為主人翁，那麼我敢打賭，整個故事會有很大的不同。當她到了四十歲，潘妮洛普可能會告訴每一個追求者，他們在這座涼風徐徐的古老宮殿裡能夠得到些什麼，並且和其中一個追求者結婚。她會有自己的「探險之旅」，就像奧德修斯一樣。她會發現，原來從男人身上可以學到那麼多的東西。

我要說的重點是，在人生下半場的「回家」過程中，異性所為你帶來的衝擊，和前半生有很大不同。榮格也強調了這一點：

試著將男女兩性做個比較……在生命的前半段，由於兩性本質上的不同而導致了能量使用失衡的現象。男人很快就耗盡了自己的陽性物質之後，現在只能靠體內少量的陰性物質。對於女性來說則正好相反，她現在得靠體內所僅存的陽性物質來保持生命活力。[9]

當你的十二艘船，慢慢變成六艘、三艘、一艘……

奧德修斯在回家的過程中，面臨了煉獄般的痛苦——就如同我們大多數人都曾有過的經驗。奧德修斯這回是帶著截然不同的心情，航向這段旅程。他滿心謙卑，因為這是回家之前必經的考驗。我們自己也一樣，都得經過地獄般的磨難，才能學到讓人生圓滿所需要學的事。

這時的奧德修斯，傲氣不再，返鄉之旅也充滿了各種考驗。一開始，奧德修斯有十二艘船，後來六艘，再來三艘，最後只剩下一艘。後來，連最後一艘也沉入海中，在卡律布迪斯的漩渦裡粉碎，他也只剩孤單一人。這也暗示著，他失去了一切他過去所有賴以生存的東西。正因為經歷了這樣的痛苦，讓他重新認識了自己。

＊潘妮洛普在房裡支起一架織布機，對求婚者說：「年輕人，你們必須等待，必須等我為拉厄耳特斯織好這段壽布，他是我丈夫的父親。我不能讓希臘的女人指責我，說我沒有給顯赫而又年邁的人穿一件體面的壽衣！」但是到了夜裡，她又將白天織成的布偷偷拆掉，以此來拖延時間。

在這個不斷失去的痛苦過程中，奧德修斯發現了一種新的勇氣，一種跟戰場上廝殺不一樣的勇氣。當船被捲入漩渦的那一刻，他伸手抓住浮在水面上的一截無花果樹枝。他不知道這一小截樹枝能否救他脫險，但是懷著一股完全不同於從前的勇氣，他堅持著。終於，迴旋的渦流將小船僅存的東西——船的龍骨和一段光禿禿的桅桿——帶到了他的面前。靠著這兩樣東西，奧德修斯漂浮到岸邊。奧德修斯，偉大的君王，著名的英雄，帶著成群的戰船出發，最後卻像個無助的孩子一樣，抱著一根木頭狼狽求生。

類似的被剝奪經驗，也發生在對抗獨眼巨人波呂斐摩斯（Polyphemus）的過程中。波呂斐摩斯回到自己的山洞中，意外發現奧德修斯和他的同伴們在他的洞裡。波呂斐摩斯用巨石堵住洞口，抓住了勇士，並且吞食他們，一頓吃兩個人。不過，奧德修斯還是機智地帶領同伴們逃了出來。

當波呂斐摩斯發現他們逃脫，召喚其他的巨人前來幫忙。奧德修斯剛遇到波呂斐摩斯時，告訴他自己的名字叫做 Oudeis，在希臘語裡，這個詞的意思是「無人」。於是當其他巨人趕到時，聽波呂斐摩斯喊著「無人逃跑了！無人刺瞎了我！」都搖搖頭，以為這位老兄的腦子短路了。

在希臘英雄的世界裡，奧德修斯還做了一件不尋常的事情——他放棄了自己的身分。在當時來說，身分意味著名聲，而名聲意味著權力。偉大的希臘英雄們在贏得勝利之後，有時只是在對手身上留下一道傷痕，並告訴對方：「我是大力士、我是阿基里斯、我是偉大的忒修斯……」以「無人」自稱，象徵著奧德修斯找到了新的力量之源，不再依賴於自己過往的名聲。

這意味著：奧德修斯人生的進程已經超越了需要用社會角色及地位來自我認同的「兩條腿」階段，也就是我們所謂的中年時期（有趣的是，奧德修斯的對手叫做波呂斐摩斯，在希臘語中的意思是「著名的」）。對奧德修斯來說，他的人生已經發展到了這樣一個時刻，必須依靠自身的力量來面對整個世界。他必須停止屠龍，並開始對付屠龍者。

在奧德修斯的返鄉之旅中，遇到一個又一個險阻，每一個險阻在他生命的後半生，都有著特定的意義。比如說，女海妖賽倫（Sirens）的歌聲，象徵著能使人們偏離自己目標的誘惑。每個人內心都潛藏有弱點，如果不加警惕，就會帶來毀滅；甘甜好吃的忘憂果*，代表能使人們忘記自己旅程及真正目標的東西；那麼，仙女卡利索（Calypso）的承諾呢？「留下來做我的丈夫吧，我將讓你永保青春，與天地同壽。」長生不老，那可真是許多人夢寐以求的啊，而且我們也不用再去面對生命中不斷發生的轉變了，這是最具誘惑力也最容易使人動搖的承諾。

儘管犯下一些錯誤，但奧德修斯就像在戰場上奮力拚殺一樣，和自己的弱點進行著艱苦的鬥爭，最後，克服了一個又一個誘惑。

即使奧德修斯抵達了家鄉綺色佳島，並不等於困難就此消失。他的家亂成一團，追求潘妮洛普的王子們強行住在宮殿裡，吃喝玩樂，盡情享用奧德修斯的財富。在神話層次上，這些闖入者代表著人們內心的混亂和干擾，使我們無法在精神上真正回家。一旦我們不夠清醒，這些篡奪者就會闖進我們的世界，恣意胡為。

所以，我們可以這麼說：在人生的下半場，我們需要完成三個使命。首先，我們要放下前半生用來應對世界的習慣；其次，我們必須抵抗「放棄人生成長吧」這類的念頭，拒絕那些在某個看起來很美好的地方永久停留的邀請；最後，我們還必須明白：想找到一個屬於自己的家園，你得付出努力才行。

奧德修斯的長途歷險，糾正了我們長期以來的觀念：在三十歲到六十歲之間的我們，生命會像一片連綿不中斷的平原，通常一直到你退休前，人生都不會有太大變化。

然而，看看那些四十歲以後勇敢打破這種想法的人：約書亞．史洛坎（Joshua Slocum）五十一歲時才開始環遊世界，三年後，他完成了自己的心願；負債累累的英國作曲家韓德爾（Handel），五十七歲時接受委託，為慈善義演創作了一首合唱歌曲，於是誕生了《彌賽亞》（*Messiah*）；艾迪絲．漢米爾頓（Edith Hamilton）六十歲從教育崗位上退休時，還沒有開始神話的蒐集工作，卻在九十多歲高齡時做出了驚人的創舉——每年前往歐洲蒐集神話素材四次[10]。

生命後半段的轉變，帶給我們的是一種很特別的機會，讓我們能打破長久以來所習慣的社會環境，讓我們有機會去做一些和過去完全不同的事。相較於人生早期，如今我們迎接

---

*賽倫是一群半人半魚的女海妖，專門以美妙的歌喉迷惑航海的人。她們坐在綠色的海岸上，看見船隻駛過，就唱起動聽的魔歌，被歌聲吸引而想登陸的人就會死亡。

忘憂果（Lotos）就是石榴，忘憂果甘甜好吃，能使人忘記悲傷。奧德修斯返鄉時途經「忘憂果之島」，島上的人給三個水手吃了忘憂果後，他們就樂不思蜀，不想回到船上。

的，是一個能與心靈和諧共振的季節。

遺憾的是，也是在這個階段，我們常會被外在環境干擾。我們會擔心很多問題，比如說還沒繳清的房貸、孩子還沒大學畢業，以及所有與「安全感」有關的大小事。還有些人可能忙著應付更年期，還在為餬口而奔波。在這種情況下，奢談什麼嶄新的開始？

的確很難。但我不是想開出什麼了不起的藥方，我想說的是：年紀，不是人生走下坡的理由。我們當中有很多人，人生已過了一大半，卻還沒有找到真正的自己。叔本華在一百多年前就曾經指出了這個現象，他說：「人生的每個階段都有個最適合自己扮演的角色，那是最佳的生命狀態。」11

痛苦的不是活著，而是我們不願變老

這意味著，不管「轉變」為我們帶來什麼，從我們的生命中帶走什麼，它都是在引領我們走入人生的最佳狀態。你可能常聽到類似這樣的話：過生日實在是件讓人痛苦的事。其實真正痛苦的，是隨著日曆一張張撕去，而我們卻不願變老。你，是不是也有這樣的經驗？

目前為止，你的人生中哪一次轉變對你來說最重要？我們已經討論過幾個典型的轉變期，以及這些轉變期所面臨的主要成長問題。現在，把這些都忘掉。想一想，從童年期結束後到現在這一刻為止，你經歷過哪些轉變？將這些重要的轉變，按時間順序一條條寫下來。

寫完後，先從早期的轉變開始看起，看看它們後來為你帶來什麼變化。以下是我自己的轉變事件簿：

- 一九五一年，十七歲，上大學，第一次獨立生活，這是對我生存能力的第一次真正考驗。
- 一九五五年，二十一歲，大學畢業，不想工作，不想下決心，決定繼續念書，換了一所大學。
- 一九五六年，二十二歲，應召入伍，意外闖進了「真實世界」，也解放了自己。
- 一九五八年，二十四歲，退伍，又開始為了工作問題傷腦筋。

你的轉變事件簿肯定比我的精采。顯然，當年我真的不愛工作，好幾次轉變在事後都被證明是錯誤的。

如果你拿父母與孩子的轉變事件簿比對，會發現一些有趣的現象。我們對生活的許多期許，大都來自於父母的生活模式，因此我們的轉變事件簿，通常與父母的人生息息相關，包括他們意氣風發的時候、他們生重病的時候、離婚、死亡，以及他們在自己人生中所做的重大改變。

把你的轉變事件簿和父母親的放在一起比較，你會發現在你生命中不曾被你注意過的一些重要轉捩點。比如我們班上有個男學員，他就有出乎意料的發現：他放棄一份工作時的年齡，跟他父親二十五年前幹相同事時的年齡差不多。

「我是在步他的後塵嗎？」他困惑地問：「我希望不是。因為那對我父親來說是個糟糕的決定，他從那次之後再也找不到像樣的工作了。」另一個學員在健康上也出現了跟她母親相似的情形；還有一個學員拒絕退休，不是因為他特別喜歡工作，也不是因為缺錢，而是因為他看過父親在退休後過得非常糟。

當然，你父母的轉變經歷也許和你毫不相干，然而，辨識出那些和他們經歷類似的轉變時刻，具有重要意義。同樣的，去釐清在轉變時期你所經歷感受的，有哪些是真正和自己相關，又有哪些是受文化因素的影響，這點也很重要（比方說，一般文化會認定五十幾歲的人該如何如何之類的）。另外包括那些有關成人發展的現代理論，可能也會阻礙你真正的覺醒。因為到最後，我們每個人都得拿著一張上面寫著「只限本次旅程使用，不得轉讓」的車票，踏上自己獨特的人生旅程。

如果以世俗看待得失的觀點而言，人生下半場的成長的確會讓你感受到不斷的失去，這個道理就像春天是復甦的季節、秋天是凋落的季節一樣真實。然而，春夏秋冬本來就是在不斷更替，任何一個季節都是不可或缺的，而正是這樣不斷的循環，人生的每一次轉變，才格外有意義。

3 要和他分手嗎？

家庭與轉變

婚姻問題不是什麼需要修復的故障，也不是什麼需要修補的瑕疵，它們只是一個訊號……

如果你結婚的次數比離婚次數多，你是幸運的，堅持下去。

——露比．迪（Ruby Dee）摘自布萊恩．蘭克《我所夢想的世界》（Brian Lanker, *I Dream a World*）[1]

知道自己變了，卻總是忘記告訴其他人。

——莉蓮．海爾曼《閣樓上的玩偶》（Lillian Hellman, *Toys in the Attic*）[2]

讓我們從唐先生一家開始說起吧。

唐，四十一歲，任教於某高中。他已經教了十二年書，對學校、教書、對那些小毛頭，甚至是對他自己，開始感到厭倦。他老婆貝蒂，三十九歲，生孩子之前也是老師，已經有十五年沒上班的她，正考慮重新回到職場。女兒蘇珊，十六歲，是一所高中的應屆畢業生，正準備上大學，她非常聰明，熱愛社交活動，每天來去匆匆，回家好像就是為了換衣服和睡覺。小博，十五歲，跟蘇珊一樣聰明，但很害羞，不像蘇珊那樣忙碌，他喜歡數學和科學，夢想成為電子工程師或飛機設計師。

表面上，這是一個標準的「幸福家庭」，其實正好相反。唐這段日子心情很不好。有時候，問題好像出在工作上，這時他會想，如果能找到一件自己真正感興趣的事情，一切就會好了；有時，他又覺得自己想得太簡單了。他和貝蒂最近常吵架——為了貝蒂想去上班，他們吵；為了唐的情緒和提不起勁的狀態，他們也吵。「我得改變才行。」唐說。然而這話聽起來空洞無力，連他自己也這麼認為。

唐覺得自己的人生如同一潭死水，空虛又失落。在餐桌上，在床上，他看著對面的貝蒂，努力回想著她昔日的魅力。貝蒂是個好女人，活潑又體貼，但為什麼他再也感受不到她的魅力了呢？別的男人倒是有感受，在一次派對上，唐注意到了這一點。貝蒂並沒有刻意放電，只是和他們聊天而已，但唐看得出來那些男人都被貝蒂迷住了。那，為什麼他自己就是沒法被迷到呢？

派對結束回到家，唐和貝蒂準備做愛。剛開始，派對的餘興猶在，貝蒂很熱烈，這讓唐也興奮起來。但過了一會兒，唐忽然不行了，他們被迫停了下來，貝蒂很不爽，想知道唐怎麼了。沒怎樣，唐說，這讓貝蒂更加火大。「你從來都沒有這樣過，」她說：「你究竟是怎麼了？」

那一晚，當貝蒂早已熟睡，唐卻還醒著，腦海中迴盪著貝蒂的話。她說的沒錯，自己從來沒有這樣過。唐想起了皮特——他的律師兼好友。皮特前陣子才搬出原本的家，換到一間單身公寓去住。皮特曾經跟他一樣，對一切感到厭倦，連性生活也有問題。而現在，皮特開始了全新的生活，對異性又燃起了激情——至少皮特自己是這麼說的。也許，婚姻真的有「賞味期限」，兩個人只能在一起走一段路；也許每隔十五年，雙方就都應該為自己尋找新伴侶；也許一切早該結束了，只是恐懼和罪惡感讓你們還站在原地罷了。

有些事，不是床頭吵就能床尾和

這對夫妻其實在十幾年前也出現過類似的困境。只是當時兩人都還年輕，孩子還小，唐剛換到現在的工作。他記得，那時候的自己不是很開心，貝蒂在性生活方面也不太配合，生活毫無樂趣可言。但是，換了新工作讓他有事情可忙，加上貝蒂和孩子們都很喜歡新房子，一切就這樣過去了。當時的他們忙著過新生活，以至於沒能向對方說清楚，生活上的變化對自己內心造成什麼樣的影響。但是這次，能像上次那樣順利度過嗎？

這不是一個容易回答的問題。因為這件事不只取決於唐，也要看貝蒂想要什麼樣的生活。當年搬到新房子以後，貝蒂完全被兩個年幼的孩子綁住，她常對唐說的話就是：「一個被困住的母親，一個疲憊不堪的人，每天做著同樣的事情，這就是我現在的樣子！我總算看清這個世界了！」心情很糟，但她卻無力改變現狀，更糟的是，身心疲憊的她開始疑神疑鬼，擔心唐會不會去找另一個比她更溫柔、更能給他安慰的女人。

今天的貝蒂，不是想放棄婚姻，只是不想再像從前那樣，被困在家務的牢籠中。孩子們已經大了，她應該可以重拾舊日的夢想，回到職場上。她不必再扮演自己不喜歡的角色了，那段為人母親漫長而寂寞的歲月已經過去了。一想到可以走出家庭，在社會中找到自己的位置，貝蒂就感到異常興奮。大學畢業後，她已經很久沒有過這種感覺了。

接下來要考慮的就是唐了。她要為了唐而放棄自己的理想，還是為了理想而離開唐？問題會「船到橋頭自然直」嗎？還是，她得做個了斷？

這得看你所指的是什麼。如果是指前一個晚上的那場吵架，或是今早有點尷尬的場面，那麼，是的，事情很快就會過去，過去的吵架與尷尬，會被新的吵架與尷尬取代，這就是生活。但是，如果你指的是夫妻各自內心世界的改變，以及雙方關係隨之而來的轉變，那麼答案是：不會。這種內心深處的轉變，是不會因為時間過去，而煙消雲散的。

他們兩人都來到一個重要的關卡上：當兩人都想揮別自己過去的人生時，曾經或多或少帶給他們快樂的婚姻，如今反成了阻礙他們的壓力。這時，溝通當然很重要，但與其把重點放在改善溝通技巧，還不如先找出他們真正想告訴對方的心裡話。

你與自己的距離，沒你以為的那麼近

你可能已經注意到了，唐和貝蒂都沒有留給自己足夠的空間，來處理十年前已經出現的問題。他們以為問題已經過去了，一波波新的人生變化又分散了他們的注意力。事實上，唐早就厭倦教書了，他早已明白自己之所以緊抓住教職不放，只是因為喜歡待在學校裡，更何況，他也不知道自己除了教書還能做什麼。然而，換了新學校、新房子，使他暫時忘了自己的厭倦。

貝蒂的情況也是如此。生孩子之前，她從來沒有問過自己，是否願意挑起撫養孩子的責任，才剛找到工作，就發現懷孕了，結果只好被迫放棄工作。現在，孩子長大了，對貝蒂的依賴越來越少，意味著貝蒂終於能擺脫這種生活，也喚醒了她對工作的渴望。

倒是唐，目前還沒法從工作上解脫。對他而言，放棄當老師並不是解決之道，因為不喜歡老師繁重的工作只是問題表面，他內心面臨的困境才是癥結所在。長久以來，他忽視、疏遠了自己真正的需要和興趣，不再知道自己真正想要的是什麼，甚至連自己是誰都不確定了。「我覺得與自己的距離，彷彿有千里之遙。」唐說。

唐遇到的問題，你可以歸咎於工作的繁重，也可以說是因為他對婚姻沒了熱情，但這些都不是重點，不從他們的人生脈絡著手，一切努力都無法解決問題。這些問題只是訊號，代表著結束時刻已經到來——不是指停止教書或放棄婚姻，也不是不再做愛，而是應該清醒地認識到：必須面對轉變了！

最後，他們夫妻倆轉變的「新開始」，還真應了那句俗話——踏破鐵鞋無覓處，得來全不費功夫。有一天，唐偶然遇見一位老校友，他父親是另一個小鎮的地方小報編輯，剛去世。老校友想盡快將報社脫手，問唐是否知道有誰想接手這家獲利還不錯的小報社。

在決定買下這家小報社之前，唐和貝蒂為了物色適合貝蒂的工作，而探訪了一下這個小鎮。「如果我還是把唐當成我生活的重心，那一切又會回到老樣子，」貝蒂說：「不過結果還不錯，我在鎮上的心理健康中心找到一份很棒的工作。現在，我和唐的感情變好了，當然，這並不容易。現在我們都很快樂，每一天，不管是對自己或對彼此，都有更多的了解。假如當初我們都另外找伴侶，開始新生活，我想同樣的戲碼還是會上演。但現在，我們踏上生命中的陌生領域，探索一個嶄新的世界。」

一個人變，全家人都得跟著變

如果夫妻雙方面對的，是自己對生活現況的不滿意——就像唐夫妻那樣，對婚姻、對自己人生不滿意——其實問題還算單純。因為轉變這件事，往往會因為有所謂的「人際共振」現象，而變得複雜。所謂「人際共振」現象，指的是當某一位家庭成員想要改變時，往往會讓別的成員也受到影響，就好像撥動一根琴弦，另一根琴弦也會隨之顫動一樣。

唐和貝蒂的兩個孩子，都是十幾歲的青少年，正是逐漸邁向獨立的轉變期。十五、六歲的他們，一切都是不確定的——前一天，可能對某件事充滿熱情，第二天卻恨不得拋在腦後。例如唐的大兒子小博，對什麼事都只有三分鐘熱度，起初想成為飛行員，後來想成為原子能物理學家，再後來又夢想當個電腦工程師，再再後來……但小博在社交方面很晚熟，至今還沒有和女孩子約會過。

唐發現，小博理解力很強，卻又非常容易沮喪，這不禁令他想起十五歲的自己。唐很心疼兒子這種青春期的內心混亂，「我了解他，他非常聰明，在科學領域很有天分，他的夢想是我在他那個年紀未曾想像過的。我會告訴他：『放手去做，孩子！不要怕困難，以後才不會像我一樣後悔。』」

一開始，唐只當這是為人父的愛，但很快的，他發現不光是如此。「我自己也曾經有過像兒子一樣的轉變期，但我錯過了，而時光無法倒流。現在，看著小博最後申請了加州理工學院，我由衷感到欣慰和自豪，他終於打算去實現他的理想——那，也是在實踐我的理想，他代表我去面對這個世界，完成我未能完成的事業。但當我意識到自己有這個想法時，我對自己說：『嘿，不對，他不可以為我而活，如果我這樣想，對小博來說就是一種負擔。』於是，我決定放手。」

當父母和子女同時來到各自生命的轉捩點時，就會發生這種「共振」。女兒蘇珊要離家去上大學時，貝蒂也發現自己出現這種變化。「我要離開家，你似乎比我還高興，」蘇珊有一天對母親說：「我覺得你好像巴不得我趕快離開。」

女兒會這麼說，貝蒂發現，是自己造成的。「她勇往直前地走在自己的人生道路上，」貝蒂描述自己的感受：「她對自由的追求，喚醒了我內心深處的某種東西。我從來沒有擁有過那種自由，我甚至不知道自己多麼渴望它。我唯一明白的是，任何家裡的新轉變，都會讓我很興奮。」貝蒂說：「不過我想，如果蘇珊去做她的，我做我的，也許會更好。」

天啊，這戲怎麼往下演啊？

家庭，就像所有類型的組織和人群一樣，也是一個「系統」。家庭中的成員不是偶然間湊在一起的，每一個人都是家庭中的一分子，同時也被這個大家庭中所發生的一切所影響。和其他系統一樣，家庭也會出現這樣的特徵：有些成員可能會有意識地想改變自己或他人在系統中所擔任的角色，但其他成員又會不自覺地破壞別的成員為改變所做出的努力，最後導致系統保持原有的狀態。

舉例來說，唐和貝蒂當然都希望孩子們盡早獨立、面對這個世界，同時卻也為這樣的轉變感到不安。「他們在家時，我們是一體的，唐和我總能找到一些重要的事情一起做，比如說照顧孩子。」貝蒂不想擋住孩子們前進的道路，但此刻的她感覺到自己的徬徨：「如果我們不再是父母，那我們還能是什麼呢？」有一次，貝蒂這樣問唐。

很多父母甚至不知道，自己有拒絕改變的傾向。「他還只是個孩子。」很多父母談起三十歲的兒子時會這麼說；「她配不上你。」他們也會這樣評斷兒子要約會的三十歲女孩。「血濃於水啊，兒子！」父母的意思是，你跟我們的關係是不能被改變的。

這種現象，不只發生在兒女將要離巢的父母身上。無論任何情況下，只要一個成員想要做出改變，其他人通常會感到被刺傷般的陣痛。例如離婚或喪偶的父母有了新的交往對象，孩子常會感到煩惱；很多兄弟姊妹間，即使久已不生活在同一個屋簷下，也會盡量保持步調一致。更別提在親密關係中的伴侶，都會對另一方不期然的改變格外敏感。

夫妻之間，往往是一種互補關係。這點從夫妻對彼此轉變的反應，最能看出來。當老婆的人生出現了重要轉變，老公通常知道自己應該高興並表示支持，但最後常會發現，自己其實會下意識地想要破壞老婆的這種轉變。「你重新回去上班很好……但我老是忘了幫大家做晚飯、照顧孩子、收拾好房子……」在很多老公心中，老婆的人生出現轉變，就像是破壞了兩人之間的某種默契似的。

沒錯，她的確是。夫妻關係，本來就是建立在默契上的。打從決定在一起的那一刻起，彼此在心理上就已經開始「分工」：你負責生活實際所需，我負責心理需求；你情緒化，我比較冷靜；你老是安排這安排那，我老出一張嘴批評。其實就算一個人生活，我們也是這副德性，但夫妻關係的確會強化我們自己的這些特質。

對於另一半的人生轉變感到恐慌，是很正常的現象。這就好像一個演員在台上暗示下一個人物出場，卻沒人出場也沒人回應一樣，或是對方的台詞跟劇本上寫的完全不一樣——天啊，我該怎麼反應，這戲要怎麼往下演啊？

為什麼清官難斷家務事？

為什麼會這樣呢？難道我們真的那麼被動，非得有人逼迫我們才肯改變？難道我們就像撞球，得靠母球撞擊，否則就永遠靜靜待著？

不，我不這麼認為。人類確實有一種以不變應萬變的惰性，但人畢竟不是撞球。與其說我們像撞球，不如說人生像一個又一個「故事」，會慢慢按照我們自己所設定的主題和情節展開。正因為有個原先設定好的主軸，所以我們會傾向抗拒改變。

兩個人要在一起，意味著雙方同意在彼此的故事中扮演一個角色，儘管演好這個角色可能還得花一段時間。外人聽夫妻之間的對話，很容易誤解他們雙方的默契。「他就是要你出去找工作啊，」一個旁觀者可能會說：「你為什麼不去？」身為妻子，她心裡其實明白事情沒這麼簡單，她老公真正的意思是：「你根本不敢去找工作，因為你無法應付外面的世界，但是沒關係，反正我會照顧你。」

這，就是藏在表象下的一切。如果有一天，老婆從外面回到家，忐忑不安地說：「我找到工作了！」「真的？」老公會言不由衷地說：「那太好了！」可過了沒幾分鐘，他可能會補上一句：「啊，那以後家務事誰做？」

該怎麼做才對？最常聽到的建議是：少點大男人主義、用更開放的心態進行交流、對彼此有更多包容等等。但是，兩個人接下來要怎麼一起度過這場轉變，就沒那麼容易了，因為倘若處理不善，不僅會危及兩人的感情，他們自己的未來也會受影響。

在接下來的幾章中，我會談到一個人面對轉變時，所需要的方法和策略。這裡要談的重點，是面臨轉變的兩人世界，可能會出現什麼後果。每當夫妻間出現這種攸關人生的轉變，兩個人都會來到一個重要的轉捩點上：他們將會發現，對方所能為自己帶來的內在能量；他們也將發現，倘若度過這一關，自己與對方都能成為一個更完整及更完美的人，而兩人之間的關係，也可能出現出乎意料的調整。

在長期的婚姻關係中，會發生很多次這類的調整。這是因為夫妻兩人都在不斷成長，不斷重新定位。這種調整可以在不知不覺中完成，不必像什麼正式談判那樣，非得白紙黑字說清楚不可。只要家庭中的成員體認到一個「結束的時刻」已經到來，就可以了。如果人們能理解，婚姻就像生命一樣，自有季節循環和轉變時刻，那應對起來就會容易多了。如果能這樣想，你會發現婚姻問題絕不是什麼需要修復的故障，也不是什麼需要修補的瑕疵，它們只是一個訊號——告訴我們婚姻中的其中一個樂章，已經結束了。

如果夫妻雙方有這樣的共識，就能把問題轉化成共同提升的機會。如果你無法讓另一半認同這個觀點，那你恐怕沒有什麼選擇，只能獨自前行了。當然，也有一些人會設法說服另一半，我就碰到不少丈夫或妻子前來求助，說他們的另一半正處於「中年危機」等轉變，需要幫助。我總是說：「他會聽你的，他真的需要幫助。」

憑什麼家裡大小事都你說的才算數？

話雖如此，但如果對方自己不覺得有需要被協助，也是枉然。他必須對轉變有所覺知，並清楚轉變對婚姻關係的意義，以及理解兩人關係中哪些部分已經結束，接下來又應該怎樣因應。

這裡指的結束，不僅是外在事件，更有可能是心裡的某種態度、假設或自我認知的結束。那些先前認定另一半需要幫助的人會發現，真正需要幫助的，其實是自己。一旦自己完成了內在改變，就會發現另一半並沒那麼固執。我認為，那些覺得另一半需要幫助的人，應該要知道自己也需要幫助。

夫妻之間所面臨最棘手的轉變之一，是當「生活決定權」由一方轉移到了另一方。很多夫妻間有一種默契，讓其中一人做某些決定，常見的理由包括：「他比我懂理財」或「她比我有品味」等等。然而，當其中一方對做出來的決定不爽時，這樣的默契就面臨轉變了。「為什麼去哪裡度假，總是你一個人說了算？」或是「為什麼就因為你喜歡那輛車，我們就非買不可？」你或許已經發現，講這種話，只會讓兩人關係變得更糟。

這樣的改變，是婚姻關係中意義重大的轉變時刻。面臨這樣的時刻，雙方都得放下過去習慣的做法，一起度過這段混亂的過渡期，最後才能以全新的方式共同生活。

然而，在整個轉變過程中，夫妻雙方永遠都不可能說清楚自己的行為，以及他們這麼做的理由。人們總是為了婚姻中的權利和義務分配而爭吵，卻從來沒有探究真正發生了什麼事。什麼事呢？我們也許可以稱之為「天平的新平衡」——把某些東西從天平一端，改放到另一端。

有各種方法幫你度過婚姻中的轉變時刻。首先，夫妻中如果有一方正在經歷著轉變，應該和另一方開誠布公。其次，夫妻兩人應該以轉變為基礎，進行建設性的談話，雙方都應該充分理解在這個過渡期，要完全放下過去一切，本來就是困難且迷惘的。對方的表現會讓你失望，你會覺得自己委屈，但不如換個角度想：你自己也需要改變。警鐘已然敲響，你正處在生命中重要的轉變時刻，而就像任何轉變一樣，婚姻中的轉變也將使你越來越完好。

勇敢迎向生命中的小變奏吧……

許多年後當你回想此刻，你也許會驚訝於自己的後知後覺，生命中正在發生那麼大的變化，而你當時卻毫不知情。回首來時路，你會發現，曾經讓你覺得無比艱難的轉變，其實不過是生命中兩個樂章之間的小變奏而已。

所以，打破自己的思維，用不同角度來看待你的處境。你可能會發現，某個角度有助於你看清問題，有的角度卻可能歪曲事實。意識到這點，你就會明白不僅每個人經歷的轉變不一樣，看問題的角度不同，也會影響到結果。這有助於你理解：假如你也像另一半那樣得放棄某些東西，你會有怎樣的感覺？假如想要改變的是你，會給對方帶來什麼樣的衝擊？你也更能懂得，萬一攜手走過風雨的伴侶離開了，面對生命中的這一頁空白，你會是何等的失落和迷惘。

在本章結尾，我們為讀者列出一些好用的方法。但請記住，沒有什麼建議是一體適用於所有人的；即便能用，也不等於任何時候都管用。選擇那些適合你的吧！

留一點時間給自己。生命的外在形式可以在頃刻間改變，但是內心世界的重新定位、建立新的人際關係、形成新的行為習慣卻需要時間。這並不是說，在你更新自我的同時，世界上的一切就應該靜止不動。我只是想說，無論是你對舊環境的認同感，或是對尚未徹底投入的新環境的疏離感，都只是暫時性的。換句話說，轉變有其自身的步調，完成它需要時間，你不能冀望一蹴可幾。

擬定暫時計畫。幾年前，我曾經重新裝修過房子，好幾個星期的時間，我們不得不忍受起居室裡高掛的塑膠布和帆布。那一段時間，我們的房子醜斃了。不過正是因為有這樣的過渡期，日後我們才能在一個煥然一新的環境裡生活。婚姻關係當中發生的轉變，也是如此。

在完成內在的轉變之前，你必須讓生活正常進行。比如說，在做出決定前，夫妻雙方可以先以某種方式共同生活；在想出長期或更合理的方案之前，雙方先就應該承擔的責任和義務達成某種協定；或者乾脆告訴自己這一切都只是暫時的，然後拿出部分精力去尋找更好的替代方案。

不要衝動，不要盲目行事。婚姻中出現變故，總是令人沮喪的，所以人們總會迫不及待地想要做點什麼。這種反應可以理解，但是正常的情況下，卻會帶來更大的麻煩。轉變的過程不僅要求我們要為生命中的上一個樂章畫上休止符，還要弄清楚為了演奏下一個樂章，我們需要學習些什麼。我們不能心急，以免因為不成熟的舉動而導致整個轉變在中途夭折。

在小事上照顧好自己。目前，要想完全按自己的意願生活，恐怕還不是時候，你最好先將對未來的期望保存起來。好好照顧自己，哪怕是你的最小需求，而且不要強迫自己改變。在此凡事變動的時候，延續日常生活的小習慣或喜好，是很重要的。我一個朋友搬到小鎮的第二天，帶她年邁的母親去超市。「梨子，我們要給你父親帶幾顆梨子回去。」她母親說。雖然梨子的產季已過，價格很貴，而且她們的生活環境也已經完全改變了，但是讓一些事物或習慣維持不變仍很重要，比如說你喜歡吃的食物，或是你們習慣看的電視節目等等。

考慮到轉變的另一面。有些轉變你可以選擇，有些則不能，而這兩種類型的轉變會帶來不同的困境。如果轉變不是你所選擇的，那麼就會有一連串的理由讓你拒絕看到轉變帶來的好處——而一旦看清這些好處，無論轉變是誰強加給你的，你對那個人的憤怒就會消失殆盡，或者你會意識到舊有的一切，其實並沒有你想像的那麼好。如果主動權在你手上，你會有成堆的理由讓你無暇顧慮即將為此付出的代價——因為那會削弱你的決心，或者讓你看見自己的轉變將給別人帶來的痛苦。無論是上述哪一種情況，你都需要多想一想轉變的另一面。

找個人談談。無論是找專業諮詢師或好朋友都好，總之在婚姻生活出現重大轉變時，你都需要找個人談談。他人的建議或許對你真的有幫助，但最重要的是，你可以將你的疑慮和感情訴諸語言，讓自己重新再爬梳一遍正在發生的一切。提防那些自以為像先知一樣的人，他們會告訴你該做什麼，不該做什麼；同時也不要忽略那些反應出乎你意料的人，尤其是有這樣反應的人不止一、兩個時，更要注意。

試著這樣來理解轉變。轉變是一個擺脫現狀的過程，就像暫時生活在一個與世隔絕的狀態之中，而最後，你將發現一個全新的自我。英國歷史學家阿諾．湯恩比（Arnold Toynbee）曾經指出，社會的發展遵循著這樣一個規律：必須出現一些動盪，使舊有的秩序分崩瓦解，然後新的一切才能產生。他還舉證向我們說明，歷史的發展通常是在個人和具有創造性的少數人做出「讓步和回歸」後，社會新的前進方向才漸漸明朗。

看來，關鍵性的轉變總是發生在日常生活之外。人生的轉變也具有同樣的規則：逝者已矣，來者可追，以及中間可能把你卡住的過渡期。這就是生命存在和運作的方式。所以，在轉變中重生吧，經過淬鍊，你將會變得更加堅強和美好。

4

上班好苦，Why？

工作與轉變

人生，不是一條通往成功的直線，
而是一連串螺旋式上升的迴圈……

人到中年，都會覺得年輕時的美好夢想和嚮往，不過是一些不切實際的幻想。在生命中的每個十年，我們都會擁有新的命運、新的希望和新的渴望。

——歌德（Wolfgang von Goethe）

很多名人常喜歡把自己的成就，歸功於童年時的某個夢想。但說這種話的人，通常不是在硬掰，就是他們的人生真被小時候所發生的某些事情「綁架」了。

正如歌德說過，人類最自然的成長，不是緊抓夢想不放，而是不斷地放棄原來的夢想，並在不同的人生階段創造新的夢想。大多數人都會隨時製造新局面，並為將來打造新希望，以及實現希望的新方法。人生，不是一條通往成功的直線，而是一連串螺旋式上升的迴圈——每走完一圈，會遇到一個新的起點，為你帶來新的體驗，引發新的夢想。

無論你是突然發現一份曾經很適合你的工作，如今變得了無趣味，或是哪天驀然回首，發現自己根本入錯了行，老實說，都不必太意外。就像你看到有人突然決定放棄一份高薪又高階的工作，也不需太驚訝。這種轉變，有時候是由內而起的（你明顯感覺到人生無趣），有時候則是因為外在的改變（不是你自己改變了，就是公司出了問題），無論哪一種，我們通常都會設法維持現狀。不過，一旦我們所面對的，是真正重大的人生轉變，那麼想要維持現狀就很難了。

人生很失敗？或許是你太胸懷大志了……

在我們的文化裡，這種螺旋式上升的人生曲線，常會受到干擾。比方說，我們很看重財富與地位，因此常會要求自己得胸懷大志——訂下（並努力去達成）一個又高又遠的人生目標。這種對成功的高度重視，往往讓很多人放棄了自己真正有興趣、也會樂在其中的行業。我們常會這樣合理化自己的胸懷大志：就算最後沒能達到目標，但只要結果不差太多，也仍是一項很不錯的成就。

問題是，我們幾乎可以確定，絕大多數這樣設定人生目標的人，終有一天會覺悟，發現自己的人生有多麼失敗。當一個人訂下遠大的人生目標，意味著他將很可能無法從事真正符合自己志趣的工作，並從中找到生命的意義與滿足感。過度看重財富，不但會讓一個人放棄原來有滿足感的工作與生活，也會讓他覺得自己心裡深處所發出的聲音（例如「這不是我真正想過的生活」），是不切實際的。

不斷求新求變的企業，如今更讓我們無時無刻都處於改變中。從組織再造、併購、技術創新、策略轉向到新產品推出，歷史上從來沒有過像這樣的時代，人們會因為社會處於高速變化而獲得獎勵。過去幾個世紀裡，會獲得獎勵與受到尊敬的，是那些能維持社會現況的人，但是現在，我們講求「創新」，經濟如今得靠創新，不創新，整個經濟——以及大部分人的飯碗——都會遭殃。

於是，我們有了一個依賴高速變化的經濟，以及一種鼓勵創意與創新的文化。我們的工作生涯，再也無法不受外界頻繁變化的影響，而當我們花費太多時間和精力應付工作上的改變，自然也很難好好處理人生中的轉變。

轉變，是以「結束」開始的。想要變成一個不同的人，你必須「先」放棄你原來的樣子；想要能以新的方式處理問題，你必須「先」放下現在的方式；想要以嶄新的視角看待問題，你必須「先」放棄原本的觀點。任何轉變，結束總是最先來到，即使看上去似乎相反；而你的第一要務，就是學會放手。

工作生涯上的改變，會為你接下來的人生帶來多大影響，取決於兩個因素。首先，要看引發你這次改變的原因有多重要；其次，要看改變發生的當時，你內心是否正在經歷重大轉折。舉個例子說：你失業了，照理講這是個大變化，但如果在此同時，你的內心沒在渴望什麼新發展，那麼你所面臨的，就只是個收入問題而已。相反的，假如你原本預期能升職，結果卻沒如願，照理說這不算什麼大事，但如果此刻你正在重新評價和定位你自己，或處於中年危機之中，那對你的衝擊就會很大。

人生是你的，別太在意人家怎麼說

我們工作生涯上的轉變，也常會與周圍的人相互影響。三十年前，當我打算離開老師這一行時，我覺得在「新的我」與「舊的我」之間，要有一點空檔。我擔心的是，假如我在心態與生活上繼續是個老師，那麼一旦我想不出接下來要幹嘛時，我就會傾向繼續當老師。我有一種直覺，就是在那幾個月裡，最好做些臨時性的工作就好。所幸當時我老婆有份全職工作，而且我們也有點小積蓄，才能如願以償。

當我告訴系上老師我有這個打算時，一位同事問我：「那你要去哪個學校教？」我試著解釋，我不打算教書了，這樣才能以全新的角度審視自己的工作。他聽了很訝異，但沒再說什麼。一週後，我在餐廳遇到他，他正在和一個朋友吃飯。「我才正在跟鮑伯提起你要離職的事，」他說：「不過我忘了，你說要去哪個學校教書來著？」我提醒他，我跟他講過我不打算再教書了，結果他說我沒告訴過他。「不再教書了？」他一臉驚訝：「這可真是好大的改變啊！」

他的反應，害我還一度懷疑自己記錯了。又過了一週後，我終於確定不是我的問題。因為他再次忘記我說的話，並且第三度對我的決定表示驚訝。原來，他其實也不滿意自己的工作，早在幾年前因為認定自己年紀太大，放棄了轉換跑道的念頭。職場上充滿了這樣的人，老覺得別人的退休、換工作、升遷乃至於被開除，都得跟他們一樣。

迎接一份新工作所必須面對的挑戰，就像迎接一段新感情，每一個人都得經歷一段調整期。不過，「調整」是個容易被誤解的概念，暗示著面對新環境，你只要像調時鐘一樣，改一下錶盤上的時間就行了。然而，轉變真正的重點，不是外在環境的改變，而是你的內在──你必須打從心底放下原來的自己，然後從新環境中找到一個全新的你。

秋天來了，就別硬要葉子留在樹上

影響你工作的，不只是職場上的改變；你在職場以外的轉變，也會對工作帶來影響。你也許把工作和家庭分得很清楚，但事實上，如果你的個人生活——無論是健康、經濟支出、性生活或精神狀態——出了問題，你的工作熱情和精力都會打折扣。

有時候，生活上的變化的確會激發你更高的工作熱情，但更常見的，卻是分散你的精力。你的主管可能會不解地對你說：「你最近怎麼了？你以前工作滿認真勤奮的，最近怎麼……」當然，這時的你正在面臨轉變。但如果主管只看到你不再有熱情，表現不再像過去那麼好，很可能會嘗試鼓勵你重新燃起熱情，例如讓你換個部門，或是給你某種警告之類的。

但這麼做的主管顯然沒抓到重點，因為你不只是對工作失去了興趣，或是對千篇一律的生活感到厭倦，而是你正打算放下你舊有的一切——曾經讓你很在乎的人與事，現在你卻不怎麼在意了。想透過獎勵或懲罰來激起你的工作熱情，都將只是做白工；好比秋天已經來臨，卻試著讓葉子留在樹上一樣。

我們可以回頭再來看看唐的例子。唐的人生出了什麼變化，同事們都不清楚，但是他上班時心不在焉，大家卻都看在眼裡。校長找他懇談，唐也只能說自己會更專心更努力工作。

唐之所以迷惘，不僅是因為他逐漸發現到婚姻問題影響到他的工作表現，而是他發現，讓他在工作上提不起勁的原因，同樣讓他無法扮演好丈夫和父親的角色。人生走到這裡，唐感到全面空虛。

接下來的幾個月，他想了很多。他發現，一個人過了四十歲，在工作上似乎都會面臨一個重大的轉變，那就是：對工作的熱情，從來自「這份工作有機會展現才華」，變成了覺得「這份工作很有意義」；也就是說，以前在乎的是「怎樣培養更多能力」，如今會想的是「培養更多能力來幹嘛？」

上班族的世界，太清楚什麼叫「能力」了。所有績效，所有獎勵，都跟一個人的能力好壞有關；職場專家會教你如何找到自己能力中的強項；公司裡的調職和升遷，要看你的能力；想在商場和專業上出人頭地，同樣要看你的能力。

但是在人生旅途中，早則三十五歲，遲則五十五歲，擁有更好「能力」將不再是你最在乎的一件事。醫生會說：「沒錯，我是個好外科醫生，但一遍又一遍地做著相同的事情，究竟有什麼意義？」水電工、社工和大廈管理員也有相同的感嘆。當然，如果給他們一個全新的環境，一切從頭開始，昔日的激情也許會暫時被點燃，但那注定只是曇花一現。無論如何，一個人在乎能力的季節已經過去了。

唐不斷苦思，他想要的究竟是什麼？漸漸的，一切變得清晰了。大半生都花在理論和思想上的唐，現在渴望有實務經驗。他喜歡寫作，但沒什麼寫書計畫。就在這時，唐聽到了那家報紙要轉手的消息。

就像生命中大多數的轉變一樣，唐也經歷了一個漫長的過程。要適應轉變過程中的生活，可能要花幾個月甚至幾年時間。在決定真正想要從事的工作前，唐依然做著原來的工作。這對唐來說是件困難的事，因為按照他自己的說法，他恨不得立刻拋開一切。但他不再掙扎了，一旦決心要做什麼後，唐發現教書工作不再那麼難以忍受了，他開始將精力慢慢移轉到未來的新計畫上。

不過，並不是每個人在轉職過程中都這麼幸運。例如，唐倘若因為表現太差而先被炒魷魚了，那麼在完成轉變之前，他得先找份工作才能餬口。轉變的過程需要時間，至於需要多久時間則與每一次的轉變內容有關，想用人為方法縮短過程，是完全沒有用的。

工作和愛情一樣，都有其自然的節奏。重點在於：找出你工作上的變動，與你人生轉變之間的關聯。你的生活狀態如何，無法用什麼試紙，透過變紅或變藍檢測出來。想要理解發生在你人生中的某次轉變有什麼意義，你不僅要花費心力，也需要時間。

換工作，別只顧著想得到什麼……

當你身處轉變，首先要問自己兩個問題。這兩個問題能幫你找出生命的特定時刻發生的這些轉變，對你的一生會有什麼樣的影響。

問題1：此刻，我該放棄什麼？

轉變，必定始於放手。正像我們在第二章提到的，在人生的旅程中，我們常會來到某些分界點，在這些分界點上，過去對我們來說無比重要的心態、信念、面對挑戰的方式、對未來的期望和目標，以及對別人的看法，會突然間全變了。例如一對年輕的父母錯怪了孩子之後，會自以為「有的是時間」彌補，但有一天他們突然發現，孩子長大了，機會不等人。一個二十歲的年輕人可以很瀟灑，享受著更多的機會和選擇；但到了五十歲如果依然過著這種生活，就可能要為此付出很高代價——例如珍貴的感情，以及更上一層樓的工作機會——攸關一個人後半生過得如何。

想一想，在生命中的這個特定時刻，你應該放棄什麼？也許能幫你找到轉變的意義。

遺憾的是，在轉變發生時，人們往往更喜歡問的是：接下來，我能得到什麼？就算你能有個令自己滿意的答案，這個答案也不會為你這次轉變帶來真正的意義。不先面對結束，就不會有真正的開始；不面對結束，你只會不斷追逐各種看起來不錯的好處與機會，實際上對你的成長沒半點幫助。因此，先問問自己：此刻，我該放棄什麼？

問題2：若說生命如舞台，在你的人生中，此刻正等待登場的是什麼？

關於這個問題的答案，應該是一種內在的需要，來自你的內心，儘管通常是透過某種外在事件才會引起你的注意。它可能是一個念頭、一個白日夢，或是一個像這樣的疑問：「為什麼我一直在替別人打工」或「我一直想當志工，為什麼拖到現在都沒行動呢？」

這個問題的答案，也可能來自一個老朋友突然打來的電話，告訴你他最近做了些什麼；也可能是一本有趣的書，講述一個浪子回頭的故事。無論它是一個揮之不去的想法，還是一個打破你平靜生活的小插曲，都是某種一直被你忽略的訊號，提醒你有些東西正等在你的門外，想要引起你的注意，希望你敞開大門迎接它。

我之所以為上述兩個問題定出先後次序，是因為第一個問題能讓你意識到：有些事，就該讓它們過去，這樣才能騰出空間，給第二個問題答案——我稱之為「翻開生命的第二章」。事實上，你會發現，自己經常徘徊於這兩個問題之間。有時候，你會覺得第一個問題非常重要，因為那正是你當前的問題；有些時候，你又會覺得第二個問題更緊迫。

美妙的生命，如四季般變化

就像我先前說的，每個人面臨轉變的結束和開始，過程都不相同，但這些迥然不同的情況中又存在著許多共同性。在有關斯芬克斯之謎的討論中，我們已經提到這些問題。接下來我們將借助印度教關於生命四季的論述，來進一步探討工作上的轉變。

學徒期：你真的長大了嗎？

從十八歲到二十五歲，通常被稱為成年期。我們在此之前所做的一切，都是在為這個階段做準備；一旦邁入這個時期，意味著一個人真正成年了。但正如我們所見，有不少人在人生這個重要的轉變關頭，懦弱地停下了腳步，結果是自然年齡已成年，心理上卻仍未準備好。

人們通常以為，找到了第一份工作、結婚、離家或大學畢業，為他們開啟了人生新的篇章。這種想法，其實是倒果為因。事實是：人的內心先發生了變化，才會有工作、結婚等這些外在行為。

從家裡搬出來住，並不等於你就真正獨立。但如果你內心也真正獨立了，那麼搬出來住這件事，就會是非常重大的改變。

進入職場，是這個階段的一個重要轉變。通常，就算你的工作有薪水，這筆薪水都不足以撐起一個成人的世界。你的身分認同，不是來自你的工作；更可能的情況是：你仍然是個懵懂的孩子。

這時期的你，會面臨很多大轉變。和其他重大轉變一樣，成功的起點，就在於你放下過去所熟悉世界的那一刻。在這種時刻，一些古老的部落，或是那些保存傳統風俗的社會，會透過特別的儀式來強化這種內在轉變，並戲劇化地表現出來。

並不是所有的社會都會如此重視「學徒期」。有些人會認為，孩子長大了就是要轉大人，儀式只是一種形式而已。每個人所要扮演的新角色，早已被預設好了，沒有選擇的餘地，每個人都只能成為社會希望並需要他成為的那種人。但即便如此，這個階段都是人生成長的一大轉變關頭。

家庭期：打造自己的世界

如果一個人在學徒時期結束時，能建立及經營一個家庭，意味著他的人生道路向前邁出了一大步。想與某個人白頭偕老——如果願意，還可加上生育子女，有助於一個年輕人成為真正的大人。現在的他們，要打造的是屬於自己的世界，不再是父母的一部分了。

從二十多歲開始，一直到五十多歲這段時期，多數人的生活重心是工作和養家。古印度人稱這個時期的人為「當家的」——每個人都扮演著諸多角色，承擔著種種責任。

這個人生階段的轉變，基本上可分為兩種。一種，是由組織的變化引起的（例如公司被併購了、主管被調職了等等），另一種則來自個人因素（升官了、死黨提前退休了等等）。這些外在變化，都會讓員工開始轉變，但很多公司的管理者往往沒有認知到這一點，他們總是希望員工們自我調整，隨遇而安。

這個階段的前半段（也就是年輕的時候），這些外在變化以及所引發的內在轉變，大都和一個人的「獨立」有關。比如說，獲得升遷可以讓邁向獨立的你心裡更篤定；隨之而來的加薪，則讓你更能享受獨立的生活。在此期間，你會多次嘗試或拒絕不同的工作，體驗各種工作環境，以便做你真正想做的事情。你就像開著貨櫃車，不斷把貨物塞進貨櫃裡帶走。

一直到這個階段的尾聲，你的生涯將邁入「卸貨」的過程——在現代社會裡，我們稱之為：退休。

家庭期的結束：中年離婚，是逃避的徵兆

一般來說，現代上班族的工作年限約有四十年。但是人到中年，多數人都會遇到一段困惑期，心頭總是模模糊糊的有一種感覺，一種說不出來的不對勁。其中有些人會感覺特別強烈，甚至會造成嚴重的困擾。在印度人看來，這個發生在中年時期的轉變，是因為人們的生活重心由家庭轉向了自我內省，正在變成「林棲者」。

很多「中年危機」的典型跡象——換新車、突然離婚、行為突然出現變化——都與一個人邁入這個新階段的轉變有關。不過，一般人都會認為這麼做的人，顯然是在逃避真正的問題。成為一個「林棲者」，意味著你得懂得穿透繁瑣的日常生活表面，看到生命深處的自己。在這個時候，倘若生活上出現這類改變，往往會讓一個人無法專心面對真正的課題。當一個人在這個年齡還不斷變來變去，通常顯示他仍在逃避，依然不願擁抱此刻的人生轉變。

這個階段的你，需要回過頭去，看一看自己曾經走過的路，重新對自己進行評價。如果不這樣做，遺留的問題將會在未來幾年內，為你的生活帶來嚴重破壞。印度人認為第一個孫子的出生，是一個人成為「林棲者」的轉折點，因為孫子的誕生意味著你的子女已經能夠擔起責任，成為家庭的核心了。

不過，對生活在現代社會裡的人來說，這一切聽起來可能會非常怪異。對很多人來說，這個階段還在進行事業的最後一搏。我們對生命自然的轉變點一無所知，也無法事先列入職涯計畫中，但這並不等於轉變就不存在。正因為缺乏了解，當轉變出現的時候，我們常常會不知所措。

在四十歲或四十五歲之後出現的轉變，如果處理不好，很可能會為我們帶來頗嚴重的後果。這個時期的轉變，通常始於失落感——覺得一切了無生氣；過去一直有效的方法，突然不管用了；曾經覺得有趣的事物，如今感覺乏味。而當我們意識到應該與過去告別時，失落感則會被空虛感取代——發現自己的成就如此渺小。然後我們會說（如果有足夠勇氣的話），自己一事無成，搞不好一開始就入錯了行；我們會想提前退休算了，儘管還沒有足夠的錢來養老。

會這樣講，意味著我們被眼前的問題所蒙蔽，沒發現潛在的人生模式。在我們的文明中，古老社會的轉變儀式不是早已失落，就是被看成毫無作用，這使得我們在面臨生命的轉變時，總是無所適從。生命由不同的篇章組成，並按照特定的順序自然上演。每一個篇章開始時，都會伴隨著一些提示。然而，我們已背離這種智慧太遠，以至於都不知道自己錯失了什麼。可是生命本身還記得，並且試著提醒我們。

生命最後篇章：現在的樣子，是過去轉變的結果

轉眼間，那個稚嫩的年輕人已過中年，成堆的心理勵志書向他湧來。《如何優雅地變老》、《退休指南》這類作品不斷重複著同一個觀點：退休後，你會擁有大量的空閒時間，而且只要願意，你還可以繼續工作下去。

但這些作者們沒有說清楚的是：退休之後，繼續工作究竟是什麼意思？他們只是說，在生命的最後一段時間，我們可以把自己的精力和時間奉獻給別人而不求回報。年輕時的我們必須承擔很多義務，現在我們總算可以做一些自己真正喜歡的事，比如說盡情享樂、四處旅

遊，或者含飴弄孫。這些書所給的建議，不外乎美食、旅遊、健康，卻沒有告訴我們，如何幫自己辛苦一輩子的工作生涯，畫上一個圓滿的句號。

借用印度人「生命四季」的看法，人生這最後一個階段，稱為「遁世期」。這個時期和年輕氣盛時不同，人們對人生、對自我都會有更深的理解。就像以家庭為中心的生活，是建立在「學徒期」的基礎上，人生最後的階段——「遁世期」也會體現出你在「林棲期」學到的東西[1]。

你過去所學的，對你現在面臨的轉變會有很大的影響；因為你現在的樣子，正是你過去幾次轉變的結果。轉變會使你喪失舊有的身分，但同時也為你帶來新的、從來沒有體驗過的人生。面對轉變，你必須放棄一些從前緊抓不放的東西，然後耐心等待，等待新的生活、新的自我自然浮現。

年輕時，你對人生可能會有一個大概的了解。但只有在經歷歲月磨練、年事漸老後，你才會真正領悟到生命的真諦。拄著拐杖在林中漫步，唯有在此刻，才有時間靜靜、深刻的思考人生教給我們哪些事。

沒有人喜歡失去，在面臨轉變時，人們總希望能把自己擁有的東西全部帶入下一個生命階段。可是他們卻不懂，在生命的某個時刻，放手才是回應生命的唯一正確抉擇。不屈不撓是一種很寶貴的特質，但閱歷豐富的老人都明白，這種特質有時候也會讓人錯失生命帶來的訊息。不願接受失敗（從我們慶祝運動和戰爭獲勝的狂歡中，就可看出這一點），使得人們失去了獲得成熟必須學到的寶貴教訓。那些即將走向生命終點的人有責任告訴年輕人，如果守著上個季節的果實留戀不捨，就無法在下一個季節迎來繁花盛開[2]。

生命最後一個階段的主要任務，就是把個人的人生收穫留給後人。當然這並不是說，年長的人要倚老賣老對年輕人說教，而是說要教會年輕人如何將自己的人生歷練沉澱成智慧。

讓老去的你，來告訴年輕的你……

關於退休後的生活安排，我們的傳統觀念是應該改改了。目前所有相關的討論，都不脫下列主題：如何安排更好的生活；如何制定可以讓老人繼續工作的制度；改善終身學習的教育體系；從飲食下手，「讓你永保青春」；銀髮族的投資理財，確保年老時仍然可以擁有穩定的收入等等。所有這些，讓老人們忽略了他們真正應該做的事。工作了一輩子，在這生命的最後篇章，你要做的事已跟金錢收益無關了。重要的是你真正應該回饋給社會的事，也就是：你前三個人生階段的豐碩果實。

在本章最後，我列出了一些問題，可幫助你好好思考轉變，理解轉變對你的生活和工作所造成的影響[3]。先好好想想這些問題，再寫下你的回答。你會發現，這不僅有助於捕捉那些快速閃過的念頭，而且用筆將答案寫出來，可以讓你放慢思考速度，從而更加清晰地理清自己的思路。

怎樣才能知道你的工作正面臨轉變？

首先是你的工作發生了一些變化，記住，哪怕只有一點改變，往下挖掘將會發現更多。這意味著，你已到了一個轉變時刻：你必須放棄從前的想法、假設、自我形象或某個夢想，生命故事現在將進入一個新的章節。**換工作，是轉變的一種形式，但是換工作本身並不等於轉變**，因為轉變還有一個很重要的特徵：在新舊交接的過渡期，有某種東西正在悄悄孕育生長，最後它將會賦予你全新的生命。這不是指一個新工作（那只是一種外在的變化），而是你對自我的一種嶄新認識，是你需要處理的某些新的現實問題，或是一種可以促使你往前邁進的新想法。

描述一下你正在經歷的轉變，包括它帶給你什麼感受、對你來說它意味著什麼、這讓你有怎樣的新想法或疑惑、讓你回想起什麼……。如果你覺得把自己的想法整理出來很有意思，可以列個簡要的大綱或是畫出來。

工作上的變動，會讓你往什麼方向發展？

如果將此刻你所要處理的人或事的問題用語言表述出來，你會怎樣描述？假如你剛揮別一份工作，要你為這個結束的人生章節下個標題，你會如何形容？如果你當下正在經歷轉變，你如何扼要形容這次的轉變？還有，你會怎麼描述下一個可能面對的工作轉變？

我知道這有點強人所難，否則你也不會來看這本書了，但我還是認為，每個人在某種程度上其實都知道自己下一步必須怎麼走。當然，「必須」二字不是很正確的字眼，但是這確實不是一道「怎麼樣做對你更好」的選擇題，而是你「只有那樣做」才能進入生命下一個篇章的是非題。

你可能以為自己不清楚，但真實情況並非如此。生命本身就有某種力量，它會告訴你接下來該做什麼，只是當你聽到這種內心的聲音時，不是忽略它，就是誤解它。「我最近的夢想」或「一個根本行不通的瘋狂念頭……但我就是擺脫不了」，或是「這是近來我非常喜歡的一本書」，你總是這樣去看待問題。但未來不會像早晨的報紙一樣，準時送達，它總是包含在你忽略的事情當中，晦澀不明、若隱若現。我相信，儘管並不明確，你還是多少能感知到一些東西。那麼，就把這些東西明確地表達出來吧。

想像此刻你真的老了。

想像你現在已經九十歲了，洞徹世事的你，不妨回顧一下自己的一生，比如說：當年我如果選擇另一條路，結果會怎樣？如果我在那個時間點做些改變，是否會更好？在那之後，又應該做哪些改變呢？在九十歲高齡時回首當年，你是否會注意到曾為你指出前進方向的那些路標呢？它們看似不明顯，但卻又確實存在。

回首往事，你對目前的處境會有什麼樣的感想？年輕人總是愚昧盲目的，當你站在人生最後一道門檻時，你是否會同情當時的困惑和狂亂呢？你是否會為了自己年輕時錯過的絕佳機會而懊惱？你是否會希望自己能再多點勇氣，去做一些冒險的嘗試？你是否願意把握住現在的一切，而不是為了一些包裝漂亮的糖果而失去它們？

不要以為這些問題很可笑，花點時間想像一下你已然老去。閉上眼睛，用心靈去冥想，讓那個老去的你，來告訴年輕的你：你應該成為一個怎樣的人，或者不應該成為一個怎樣的人，以及當年紀老大時，你想如何過日子？想像自己垂垂老矣的樣子，再將前面回答不了的問題交給他，讓那個經歷過歲月滄桑的九十歲老人來幫你回答吧。

記住，你真正了解的東西其實遠遠超出你的想像。

Part 2

轉變三部曲

混沌之後，重生

一個人的啟蒙，與他後來的生活模式是如此密切相關，以致很多現代人的行為舉止會不斷延續他們在啟蒙時的情境。人們在工作與事業上所遭遇的「掙扎」、「折磨」、「困境」，往往只是在重演自己啟蒙時期的考驗而已。

——伊利亞德《聖與俗》（Mircea Eliade, *The Sacred and the Profane*）[1]

他的臉上和身上布滿塵土，完全看不出是兩個月前離開村子時的那個年輕人。記錄著這段旅程的傷口——割禮之後留下的創傷，以及兩道橫過面頰的刀痕——雖然已經癒合，但將永遠成為他這段經歷的見證，象徵著他已經跨過童年的邊界，走向成年。

他獨自一人。不僅斷了與長輩同儕的聯繫，更帶著一種徹徹底底孑然一身的況味。在生命中的這個時刻，他跟任何人都沒了關係，也沒有任何一張地圖，能讓別人找到他。

他再也得不到過去的身分、親友或社會組織所能賦予他的力量，只靠著儀式與長者教他的聖歌，踏上了宇宙的旅程。告別了日常生活中的一切，此刻，他直接面對存在。

夜裡，他會做夢，夢裡總是充滿了謎一般的暗示。每晚臨睡前，他祈禱著在夢裡能看到啟示，讓他找到精神上的引領者和守護神；那天外之聲將告訴他真正的使命，以及他真正的名字，並教他一首聖歌，用來治療傷痛或是祈禱農作物有好的收成。

當這一切都完成時，就是他回到村子的時候。他將有新的身分、新的地位，獲得權利也承擔責任。帶著疤痕與新知，他將重新回到他原來所屬的群體中（群體的秩序也會因為他發生改變）。這時，他已經是一個全新的人了。

從前的那個少年已經死了。死在考驗中，死在轉變儀式一開始的死亡典禮上。他的父母將他從小到大睡過的席子，扔進火裡燒成灰，象徵他的死亡。當他回到村子時，剛開始不能與父母親相認，因為他已經不再是他們的孩子。

他以新生的身分回到村子裡，剛開始的幾個禮拜，他甚至記不得自己原來的名字。他已經重生，有時舉手投足間似乎喚起了他某種兒時的記憶。不過，他連最基本的事情都忘了，比如洗臉、吃飯。他與啟蒙長老共處的那段時間，學習了許多事物的新名字，但對於過去曾經熟悉的事物，他連舊名稱也忘了。有時在某些情況下，他還會說出新語言。

這個年輕人已經重生，轉變的儀式為他點亮了新的生命。那段流浪在外的孤獨歲月為他打開一扇大門，引領他走向上帝創造世界前的一片混沌。古老部落裡的人們認為，所有事物的更新，都必須從最初混沌的狀態開始，而時空之間的間隙就是通往混沌的通道。這類的間隙，存在於萬物結束循環的那個點上。

每一年歲末、季節交替之時，或個人生命中某個階段的結束時刻，自然界、社會或個人就來到了轉變的間隙。舊的一切死亡，新的一切重生，透過這種方式，生命得以延續。這是萬物回歸自然和重生的方式，是遺忘與再發現的方式，也是結束和開始的方式。穿越舊世界，走向新世界的人，將獲得新生。

上面這段關於年輕人經歷轉變儀式的描述是綜合的版本[2]。有些古老部落的風俗不是用刀劃道傷疤，而是打掉牙齒；有些部落不是將少年獨自放逐到荒涼的原野上，而是讓一群年輕人一起通過考驗；有些文化中，年長者會在成年禮時教導少年一些知識，而有些文化則要少年自行發掘。不同地方的轉變儀式，在細節上往往出入很大，不過就整個轉變過程來說，大致相同。

儀式三部曲：分離、轉變和重整

大約一個世紀前，法國人類學家范傑納（Arnold van Gennep）第一次將原始部落的這些儀式介紹給現代西方讀者。他也創造出「通過儀式」（rites of passage）一詞，並指出原始部落透過這些儀式，完成了人生的轉變[3]。他調查研究各種儀式，內容豐富，包括出生和死亡、青春期和結婚、部落首領的選拔、巫師的任命以及自然界的季節更替，都有特定的儀式。范傑納發現，所有儀式都是由三部分組成的，他稱之為分離、轉變和重新整合。

在第一階段（即分離階段），個人或群體從原來熟悉的社會環境中分離出來，經歷了一個象徵性的死亡體驗。緊接是一個過渡期——范傑納稱之為「中介期」（Neutral zone），那是一個介於新舊世界之間、模稜兩可的矛盾狀態。最後，一旦完成內在的轉變，個人或群體將重新回到社會中，以一種全新的面貌和心態回到從前的群體。儘管不同的部落有可能會重此輕彼，但總體看來，所有的通過儀式都包含這三個過程。

在范傑納的時代之後，通過儀式的概念曾掀起一陣懷舊潮，因為這些儀式在現代早已失傳了。但由於我們同樣得面對生命轉變的難關，因此有人很合理的認為，如果能重新舉辦類似的轉變儀式，就能改善我們的處境。

只不過，儀式很難成功複製。因為它們不是什麼技術，可以用來生產具體的東西；它們是放大鏡，放大我們的某些特定經歷。

「通過儀式」只是一種方法，幫助我們更清晰地看到在宇宙中無時無處不在的死亡、混沌和重生。如果缺乏信念，就無法產生意義。除非我們的文化能從這個角度來看待生命中的轉變，否則這些儀式終究不會被接受。

因此，對於古老儀式的懷舊潮後來無疾而終。但是，理解這些儀式無疑仍是很重要的。不像我們的文化這麼容易被外在變化影響，他們對個人內在轉變的過程格外敏感，源自這種文化的轉變儀式，可說為個人轉變留下最佳紀錄。儘管這些文化不像我們這麼講究創新與進步，但他們對於人們內在轉變過程的理解卻深刻細緻得多。

接下來，我們將在這些古老文化的引導下，一一探索轉變的三個自然階段——分別為：結束、過渡期（中介期）和新起點。我們將會針對個人轉變的這三個過程詳加論述，使你能夠理解自己的轉變經歷為什麼會以這種形式發生，以及你該如何積極面對它們。事實上，就如同人類祖先所認知的，轉變是個人成長的一種方式。

蘇珊的小提醒

我們常會希望「一切如常」，但這是一種妄想。所謂的常態，其實是一連串不尋常的社會、經濟與政治狀況崩解後所產生的結果。困惑與不確定感，並不是偶爾才會出現的感覺，而將會是一種持續不斷的現象。混亂與變化如今也已經成為我們的現實。今天仍有很多人以為，自己可以活在一個沒有波折、沒有意外的理想世界，是時候，該拋下這種妄念了。

威廉帶給我們一套迎接轉變的方法。閱讀接下來的篇章，你將會發現當你面臨改變，想要弄清楚背後的真正意涵，其實有非常好用又簡單的工具。

5

讓過去的自己死亡

轉變三部曲之一：結束

新事物無法在堆滿舊日遺跡的土地上扎根成長，
結束，就是一個清理的過程。

開始就是結束，結束也是開始，
正是從結束之處，我們重新開始。

——艾略特《小吉丁》（T. S. Eliot, *Little Gidding*）[1]

我們都得面對各種生命中的結束，但往往都處理得很糟。我們誤解了結束，因此不是把它看得太重，就是把它看得太輕。

說看得太重，是因為我們常會以為「結束」就等於「終結」——完了，沒了，再也不會有了。我們把結束看成是一起單一事件，忘記了每一個結束其實只是一連串轉變過程的階段之一，也是一種「重生」的前奏。與此同時，我們也把結束看得太輕——因為我們害怕結束，我們一心只想逃避它。

「我不想和你們討論我的過去，」一位剛結婚的男學員向大家談起他的第二次婚姻：「我只關心現在和將來。」怎樣才能讓他理解他所說的「現在」，正一分一秒成為「過去」呢？他的妻子想讓他知道，她會跟他吵，是因為他仍想著他的前妻。「我沒有，我很在意我們的感情！」他說：「是你們兩人做事的方式一樣，才讓我抓狂。」但是，他還是不想談論過去。

我說了個故事給他聽。

你的心裡，還背著她嗎？

從前有兩個和尚在鄉間趕路，當時正好是雨季。轉過一條小路時，他們發現有條小河擋住了去路。河邊站著一個美麗的女子，身上穿著飄逸的長裙。「到這邊來，」其中一個和尚對女子說，「讓我背你過河吧！」於是他將女子背過了河。將她放下後，和尚繼續和同伴趕路。那天夜裡，同伴突然問他：「我覺得你今天在路上背那個女子過河是不對的，根據戒律男女授受不親，你怎麼還背她呢？你真不應該那樣做。」「多奇怪啊！」背女子過河的和尚說，「我背她過了河之後就放下了，你卻到現在還背著她！」[2]

我看著那個男子，想知道他是否明白故事的含意，他沒有懂。他只想談論他的第二次婚姻，對我提到他的第一次婚姻很不爽。他一心只想著嶄新的開始。

我們都能理解那個男子的感受，不過如果我們想讓生命中接下來的一切能順利，就必須勇敢地面對「結束」。在堆滿舊有的習慣、態度與想法的土壤上，是無法長出新生命的，結束，就是一個清理的過程。

然而，不像原始部落，今天的我們沒有某種正式儀式的協助，因此往往覺得結束來得突然，也是不好的一件事。於是，我們總是想要盡快把結束拋到腦後。這種心態，可以從我們的語言中看見——「覆水難收」、「生米煮成熟飯」、「過去的就讓它過去吧」，諸如此類。

我班上有位新手媽媽，就是這種心態的縮影。對於大家對「結束」的關注，她非常排斥，她激動地說：「我現在想知道的，是怎麼樣去適應有了寶寶之後的生活，並不是他離家上大學了我該怎麼辦！」班上另一個同學在工作上升遷得很快，剛開始他對我們把重點擺在「結束」，也覺得很奇怪。他疑惑地說：「我放棄的，不過是較低的薪水和職位罷了。」但隨著討論越來越深入，他們都發現：關於「結束」的問題不僅真的存在，而且應該被理解與重視。因為，此刻讓他們困惑的，並不是即將迎接的新生活，而是已經結束的舊時光。

了解「通過儀式」（或說轉變儀式）*有很多好處，其中之一是它們明確地告訴我們：

---

*「通過儀式」（rites of passage），當人們要從人生的一個階段進入另一個階段時，為這轉折點所舉行的儀式或慶典，例如，從青少年時期進入成年。

結束象徵著死亡。當那個新手媽媽在課堂上說出「我快崩潰了」時，她透露了一個事實——從前的她正在分崩瓦解。在她看來，自己有哪裡不對勁了，但她很快便意識到，單純地說要重新開始，並不能徹底解決問題。她一直發問的問題都不是重點，她真正需要的是找到一個方法，讓過去的自己死去，並讓嶄新的自己重生。

古老的通過儀式不失為一個好答案——儘管它們所仰賴的社會現實與神話般的想像，今日已幾乎不再。然而就算我們不曾有過這類儀式化的經驗，藉由饒富寓意的生命禮俗，我們還是可以理解結束的自然過程，並從中看到與自己轉變的經歷相符應之處。

為了說明這一點，接下來我將探討關於結束的五個不同面向：脫離、拆解、否定、幻滅和迷失方向。

脫離：將自己從舊習慣中拉出來

許多傳統部落裡似乎都有一個常見的信念，就是：當一個人內心發生轉變時，就需要離開自己熟悉的環境。年輕人離開自己的家庭，到森林或沙漠去（有時是非自願的），他們長途跋涉，獨自探索生命的真諦。同樣的，不管是結婚或生命中的其他轉變期——例如加入某個幫派、邁入晚年或面臨死亡，也會有類似的儀式。

在古老的傳說裡，「脫離」是一個常見的主題。耶穌在曠野中度過了四十天；忒修斯離家，前往雅典的海上接受考驗和磨難……在這些故事中，有時脫離是在主人翁不知覺的情況下發生，有時則出於某種明顯的意圖。約拿（Jonah）從旅途中逃走，前往海上，但是他依然相信他是在去他施（Tarshish）的路上*；伊底帕斯逃離了家園，想躲開命運的安排，結果在途中卻仍然遇到了命中注定的悲劇。

約拿和伊底帕斯兩個人都發現，往正確方向所邁出的第一步，正是他們原先所想走的反方向。他倆還發現，無論環境如何，在生命的轉變期，人們都會有種自然傾向——想要掙脫原本所熟悉的社會。

---

*《聖經》故事，上帝派約拿到尼尼微城傳達神諭，約拿感到畏懼想逃避而逃往他施，在往他施的海上受到上帝安排的種種險阻，最後還是依從上帝安排前往尼尼微城傳達神諭。

今天，我們的社會不再有神諭或先知（至少我們不相信有），也不會有什麼啟蒙大師搖著鈴提醒我們：「某某某，你的轉變時刻已經到了。」然而，當轉變的時刻來臨，我們仍然常能感覺到。例如，我們三不五時會發現，自己渴望擺脫那些原本被我們看得很重要的社交活動、感情、環境或角色。這些令人沮喪的狀況，會不會是某種徵兆？這些徵兆，會不會是你需要開始轉變的信號？

在一個人剛遭受痛苦時跟他談轉變，通常沒什麼意義，甚至有些殘忍。當某人剛失業，或失去至親，或心靈受到傷害，當然沒心情聽你說什麼「這意味著轉變的開始」之類的話，更不會相信這是什麼以痛苦為包裝的「禮物」。但是，當情緒的波濤平息之後，他們終究會理解的。

一位名叫康妮的學員有一次跟我說，她老公有中年危機的所有跡象，希望我無論如何都要和她老公談談。但是她老公本人沒來，因為他認為自己好得很。「我當然沒危機！」她老公前一晚對她說：「我只是明白了生命是怎麼一回事，我才不要繼續毫無意義地度過自己的餘生！」

我向康妮重申了我一貫的看法：要幫助一個自己覺得並不需要被幫助的人，是毫無意義的。同時我也暗示她，需要被幫助的人，搞不好是她自己。她一臉失望，顯然認為我幫不上什麼忙。

三、四個月後，我又遇到她，才聽說問題又更嚴重了。她老公突然離家出走了，搬到附近的小鎮。接下來幾週，他們在電話裡發生了激烈的爭吵，然後是漫長的談判——關於錢、孩子，最後他們開始辦理離婚手續。「一切都結束了，我再也不能裝成沒事的樣子，」康妮傷心地說，「如果還能挽回，我願意付出任何代價。」

剛開始，我們的話題主要集中在對康妮比較具有實際意義的問題上——比如，怎麼告訴孩子父母離婚的事、如何找工作、怎樣面對她的父母、怎樣重新開始新的社交生活。但無論何時，只要談話一涉及到分居，她立刻變臉：「你應該去問他！搬出去的是他，不是我！」

所幸，後來康妮漸漸懂了。她開始談起自己失去的東西——比方說，她失去了安全感，因為老公一直是家中的經濟支柱；她沒了人陪伴，儘管丈夫從前經常出差，但是（套用康妮的話）她「從來沒有感到孤獨過」；她失去了愛人，失去了一個真心信賴的人，同時也失去了一個批評者和指導者。「身為一個女人和一個人，我對自己的評價跟我老公對我的反應密不可分，」她說：「他是我的一面鏡子，而現在，我看不清自己的面貌了。」

失去了一面可以看見自己的鏡子，對康妮來說是最大的損失。不過，這對康妮來說也是一次成長的機會（並不是說失去了老公這面鏡子不重要），而且我們也是經過了很長一段時間後，才敢指明這一點，畢竟，撫平創傷是一個漫長的過程。

接下來幾週，康妮開始談起她有時會有的一種感覺：她的生命來到了一個完全不同以往的階段，她不再那樣依賴他人了，也不再由別人的感覺來決定自己究竟是誰。康妮的感覺不斷加強，開始越來越頻繁地談起這個話題，直到有一天，她走進教室向大家宣布，她剛剛發現：會離婚，不是沒有理由的，而是有著深刻的意義。「如果事情發生早一點，我還沒有準備好；再晚一些，我可能已經在婚姻中陷得太深、無法自拔了。等到不得不離婚時，我可能就只有自殺這條路了。而現在，來得正是時候。」

離婚，成了康妮生命中的轉捩點，她變得比以前更堅強，也更有生氣。先結束才有開始，而結束又開始於脫離。和丈夫分手，讓康妮離開了原有的生活軌道，同時也給了她一個更深刻認識自己的機會，而這個機會在他們共同生活時是無法得到的——這並不是說離婚是必經之途，而是說從舊有的生活模式中脫離出來，是導致康妮發生轉變的重要因素。

離婚、死亡、換工作、搬家、生病或其他微不足道的小事，都會將我們從習慣的生活中拉出來。在人生的舞台上，舊有的提示系統已經被打破了，再也沒有人能告訴我們應該扮演什麼角色，又該怎樣規範自己的行為。但是，這並不是說，每當過去賴以生存的體系消失，我們就得再另外創造出一個，而是當舊的死亡同時，新的必然就會產生。

如果一切如常，對於身處其中的人來說，要想像出另一種生活或另一種身分，是幾乎不可能的事；但一旦脫離舊的生存環境，變化的過程就會自然展開。釐清、疏導、尋求他人的支持，改變，最終一定會帶來成長和更新。

拆解：想像一下，你的人生正在「改裝」中……

擺脫原有的人際關係和社交環境，只是轉變過程的開始。脫離你原來的環境，只能阻斷你的過去繼續傳遞信號給你，而你仍然照著原有的方式生活。

脫離，其實很容易，你只要說「我走了」、「我們結束了」、「再見」就行了，但是你原來的習慣、行為，卻不可能在一夕之間消失，而是必須慢慢地被「拆解」。也就是說，它們只能一點一點的改變。

我們比較熟悉的，是精神科醫師伊莉莎白．庫伯勒．羅斯（Elizabeth Kubler-Ross）的重要研究，她提出的「哀傷反應五階段」指出，如果把哀傷用一條直線來表現，起點是拒絕，終點則是接受。不過我們比較少聽到的，是我們在認知上的改變：通常在轉變的過程當中，我們會逐漸地不再把自己看作是群體中的一分子，而是更關心「自己」。這種認知上的轉變，往往伴隨著情感上的變化；但情感通常只是針對轉變過程而起的反應，不是過程本身。

不分清楚這兩個面向，讓許多人常誤以為在失去某樣東西後感到痛苦，就是在經歷內在轉變，而倘若不感到痛苦，就沒有在轉變之中。有些人會去學那種把哀傷正式化和形式化的社會，以為這些形式有助於我們度過與走出哀傷。但這種人往往忽略了隱藏在情感背後的理性認知過程。

舉例來說，你也許會為死去的親人守靈三天，然後為他舉行一場葬禮，接著每年為他舉辦追思。當你年復一年做著這些事時，你其實也正一步步拆解或卸除你與對方的關係。

在本書最初付梓到再版的這一段時間內，我的生活中所發生的重大轉變之一，就是我的妻子因癌症去世了。在二〇〇〇年出版的《轉變之路》（*The Way of Transition*）一書中，我曾描述過這段經歷以及它對我造成的影響，在此不再贅述。我要說的是：妻子去世最讓我意想不到的影響之一，是我花了很長時間來拆解我原有的生活。

弔詭的是，那段時間我正好在重新裝修房子。我還記得，自己坐在客廳，看著光禿禿的牆板、釘子，還有頭頂上亂七八糟的電線、腳下還沒鋪好的地板，靜靜思索著這一切。真是太好的隱喻了——我一邊拆解房子，同時一邊拆解自己的人生。往日的生活痕跡還在，而一天又一天，我看著它們被新的「建物」所取代。

只要你裝修過房子，一定更容易理解轉變，因為它們的過程很像：都是開始於結束，將舊有的破壞掉；接下來是一段不新不舊的時期——舊的一切還在解體，新的一切正在逐漸形成。在這個過渡階段，我們通常會感到煩躁困惑，找點臨時性的事來做，是個不錯的想法。你可以找間臨時住所，或嘗試做些改變，總之，不要讓房子最後又變回老樣子。正像設計師常提醒你的那樣，老屋翻修往往比買新房子更花精力和金錢。而轉變，道理相同。

拋棄舊身分：為自己剃頭、彩繪、戴面具

在脫離原有生活、拆解原有生活之後，我們也將不再用過去的角度來看待自己。用康妮

的話來說，是失去了一面可以「看見自己的鏡子」。有人會覺得，自己失去了一個過去熟悉的角色——知道該怎麼做、知道別人如何看待他，有人則覺得失去了他們所熟悉的某種身分標籤。無論哪一種，在轉變的過程中，都會對自己是什麼樣的人感到疑惑。很多轉變儀式中，都有一個相對應的做法：把象徵原有身分的東西丟棄，並賦予一個暫時性的角色——以剃頭、在臉上彩繪、戴面具、穿上怪異的服裝或者根本不穿衣服來象徵。有時候，也會把原有的名字拋棄。

「拋棄舊身分」通常是一種內在的「脫離」過程。當你換工作，或是失去了原本很在意的角色和頭銜時，打擊通常會特別嚴重。失去這些東西所造成的衝擊，往往比人們想像中的還要大。

在放棄教書的那段時間，我對這個問題想了很多。例如，我認為自己對改行這件事已經想得很清楚，也決定「不再當老師了」，然而有一天，我的小女兒從學校回來不經意地問道：「爸爸，你現在是幹什麼的？」我長篇大論地解釋了一遍，但過分詳細的回答，很快就使孩子沒了興趣。我告訴女兒，我以前是教師（這個「以前」離我還不太遠，因為「現在」剛剛到來，而且還很不確定），而我現在又演講又是作家，也為別人提供諮詢，還有我……

然後，發現女兒已經沒興致繼續聽下去後，我趕緊問：「你為什麼會問這個問題？」

「哦，在學校裡，我們談起每個人的爸爸是做什麼的，我想知道自己應該怎麼說。」

這件事困擾了我好幾個星期。我原本以為，自己很安於過一段沒有任何身分的日子，但是在孩子的面前，我洩漏了自己的脆弱。她根本不在乎我從事什麼工作，只要有個名分就行。日子一天天過去，我越來越喜歡被冠以形容詞性的稱呼，換句話說，就是用形容詞來表示的身分，比如說做園藝的、寫作的、賽跑的、演講的，而不喜歡固定的名詞稱謂。但我也不得不承認，孩子們更喜歡明確的名詞稱謂。

其實這一點令我頗感困擾。因為不只是他們渴望熟悉的身分標籤所代表的那種安全感，我自己心中的某個角落也暗藏著這種渴望。老師、大學教授、密爾斯（Mills）女子大學的美國文學教授……哦！這些都已經過去了。而現在呢，做園藝的？賽跑的？

另一方面，那段時間我也經常想像自己正在經歷一場神祕的轉變儀式。原有的世界正在崩解，我在陰暗中摸索前行。轉變儀式的標記暗藏在我心中，外人無從得知，但我確實進入了生命的另一個階段——就說是人到中年吧，因為缺乏更好的術語，暫時只能這樣叫它。我像龍蝦般脫掉了舊殼，現在只能緊緊地貼在岩石上，因為我太柔軟，也太脆弱。在不久的將來，我一定會有更好的新裝備，可是這一刻，我卻只能緩慢爬行。

就在當時我發現，好好想清楚為什麼拋棄舊身分，是結束過程中很重要的一環。顯然，你原有的身分是你轉變的絆腳石，也是你蛻變和重生的障礙。我很喜歡心理分析學家艾瑞克森在某個小鎮看到的一句標語：「**我，不是理想中的我；我，不是未來的我；**」標語上這麼說：「**我，也不是過去的我。**」

很多時候，拋棄舊身分不是什麼令人愉快的事。你不再是某人的妻子了，不再是推銷員了，不再是那個曾經熟悉的自己，或是不再年輕了，都是痛苦的來源。而此時正是我們認清拋棄舊身分的重要性、放下過去的關鍵時刻。唯有這樣，我們才能順利度過轉變期，迎接新的身分。

幻滅：成長，不必然是一種「加法」

從舊有的身分和環境中脫離之後，我們會處於一種不安定的狀態，在兩個世界之間迷惘。但我們的腦海中依然留存著過去的影像，彷彿是一根根線繩，用種種假想和期望，將我們和原有的世界牢牢綁在一起——太陽依舊升起，媽媽還是愛我，我的部落還在，上帝一樣公正。一切都必須是如此，否則我們的世界就真實不起來了。

發現自己的世界不再真實，就是我所說的幻滅。

在傳統的通過（轉變）儀式中，通常會謹慎安排幻滅的體驗過程[3]。位於非洲中部的恩丹布部族（Ndembu）有一種靈療儀式，當事人會被帶到叢林中一塊外形奇特的東西前，告知他那是Davula（主掌治療的精靈），接著，他們會突然要當事人用木棍去擊打精靈並殺死它。等到儀式結束時，他們才會告訴當事人，剛才打的東西不過是一塊布。其他部落也有類似的儀式：比如美國古印第安霍皮族（Hopi），年輕人第一次與令人生畏的精靈（kachinas）面對面，就是由他們的鄰居或親友戴面具假扮的；澳洲土著的新成員，全身發抖聽著偉大精靈Dhuramoolan的恐怖怒吼，其實那不過是公牛的吼聲。

這可能會令你回想起自己童年時的幻滅經驗，比如：聖誕老人其實不存在；父母會撒謊、害怕、犯愚蠢的錯誤、做傻事；你最好的朋友辜負了你。但幻滅不會隨著童年的結束而消失，事實上，它們一直都在。

我們的人生中，充滿了一連串的幻滅，有些微不足道，有些卻可能難以承受，比如愛人劈腿、領導者貪污、你服務的組織背叛了你的信任，或是心中的偶像被證明不過是一個卑鄙的小人。更糟的是，有時你會發現自己原來是一個言行不一的人。你很快就會發現，幻滅會在我們的生命中不斷上演，你必須有勇氣去接受。

有時，不只是轉變過程中有幻滅階段，而是轉變根本就始於幻滅。不過就像結束的其他面向，我們往往得花點時間，才能明白幻滅的意義。當你剛收到分手信，或剛得知自己被解雇，在那一刻跟你談什麼舊世界、新現實，你都很難聽得下去；但過了一段時間，回頭想想這一切就顯得極其重要了，因為只有舊的一切被清除後，新的未來才能生長。人的思想就好像一個容器，要想裝進新酒，首先必須要清空。

這個過程，違反了我們文化對成長的理解——我們相信成長是一種加法的過程。比如說，我們不是因為忘了一年級所學的一切，而升上二年級；也不是因為忘了上主日學，而跑去上教堂。我們通常不希望為了成長，而拋棄舊信念（儘管聖保羅曾告誡人們「要把孩子氣的東西丟了」）。

當你發現自己真正想要轉變——發自內心地想要轉變——就必須理解過去生活中真正重要的東西不在別處，而是在你的腦中，這時，就是幻滅這一課開始了。從來不犯錯的父母、出色的領導人、完美的妻子、忠誠可靠的朋友，這一切都是你內心深處渴望的角色，你只是在現實生活中尋找相對應的人物來扮演。有人尋找的是偶像，有人要的是粉絲，當這兩人相遇，彼此就像相鄰的拼圖般速配。

不過，其實不速配的可能性遠高於雙方的想像。這就像一種「執迷」——一種過去的我們對現在的我們所施的咒語。「執迷」的我們，平常時沒怎樣，但一到轉變關頭，就會讓我們崩潰。每當這時候，我們幾乎毫無例外地會覺得自己受到欺騙，就像有人存心戲弄我們一樣。先前讓我們著魔的想法，源自於我們如何看待自己，以及我們當時的處境；而要改變想法，就不可能不影響到我們自己與他人。

幻滅——無論是小小的失望，或是青天霹靂的大震撼——都是轉變的訊號。幻滅讓我們明白，現實生活有許多不同層面，沒有絕對的「錯」，只是人生特定階段的必然狀態而已。幻滅，意味著我們此時能穿透表象，看到更深一層的本質了。

不從這個角度去理解，我們將看不見真正的重點，只會覺得灰心。一個幻滅後的人會明白，有些想法在過去是有道理的，只是現在已經不適用了。「我必須相信我丈夫（或朋友或師長）是永遠值得信賴的，這樣想能避免我受到傷害。」相反的，一個灰心的人會推翻過去的一切。她或許找到了新的老公，他或許換了新的老闆，但是他們過去所執迷的想法，其實完全沒有改變。幻滅的人會重新站起來，繼續前行；而灰心的人會留在原地，和不同的對象重複搬演著相同的故事情節。這種人的心底，會永遠渴望擁有一個真正的朋友、一個真心的伴侶、一個值得信賴的領導人。這樣的渴望會周而復始，而他們永遠無法真正向前邁出一步。

迷失方向：痛，就讓它痛個夠吧！

被我們拋到腦後的過去，不等於牆上無關痛癢的一幅畫。相反的，它讓我們知道人生何處是起，何處是落；哪裡是前進的方向，哪裡是後退的路。簡而言之，過去的生活為現在的我們定位，讓我們邁向未來。在古老的通過儀式中，經歷轉變的人得離開他們熟悉的環境，在一個陌生的地方待上一段時間。這種環境和精神狀態，會迫使一個人必須去創造，用美國詩人佛洛斯特（Robert Frost）的話來說，就是你將「不斷地迷失，直到你找到自己」。

我們大家都對迷失不陌生。我們都明白，當我們開始脫離、拋棄舊身分與幻滅之後，那種越來越強烈的失落、迷惘、不知何去何從的感覺。我們過去所有的篤定感消失了，如今只覺得自己像個遭遇船難後的水手。

迷失最嚴重的後果之一，就是讓我們對未來不再有把握。一個被炒魷魚（脫離）、或一個放棄升官機會（幻滅）的人，往往會發現自己對於過去所追求的目標失去了興趣。這種感覺，讓很多人（以及他們身邊的人）怕死了，而且說實話，假如威脅到生存，實際上可能也滿危險的。

因此，在這種情況下，別以為人們可以樂觀地看待迷失。傳統部落的人通常不怎麼看重迷失的過程，他們會讓自己苦在其中，因為他們認為這本來就是人生該受苦的過程。換個方式說，他們對於死亡與重生深信不疑——因為深信不疑，所以不需要讓該痛苦的事情變得不痛苦。

相反的，現代社會的人缺乏這樣的深信不疑，因此往往在樂觀與悲觀之間掙扎，在黑暗中劃亮火柴向前走，吹著口哨壯膽。

關於我所說的迷失方向（以及結束的過程），並不是要替一個人所遭遇的困境找藉口或粉飾太平——「我開車撞上了一棵樹，我一定是迷失了，太棒了！」

我們要理解迷失方向的意義，但它絕不是愉快的經驗。原有的事物喪失了價值和意義，我們會感到困惑和空虛；從前被我們看重的事，現在變得不值一提；我們會感到人生膠著、心灰意冷，再也不知身在何處。

迷失方向不僅影響我們的空間感，也會改變我們的時間感。我曾和一個剛戒菸的男人聊天，「這麼多時間，真不知道是打哪來的？」他半開玩笑地說：「我以前一定是分分秒秒都在抽菸吧。」這話或許多少是事實，不過他之所以感覺時間變多了，主要是因為他結束了過去所習慣的時間利用方式。過去，雖然抽每根菸的間隔時間不太相同，但他多少能透過菸灰缸裡的菸屁股數量來估算時間。戒菸之後，時間彷彿無邊無際。

這是在轉變過程中經常會發生的情況。有些人拒絕轉變，就是因為害怕面對這種空虛。我們有時候不是不願意放棄工作、婚姻，也不是我們不願意拋棄某個身分或生活方式，而是在找到新的事投入之前，我們必須捱過一段無所事事的時光。想到這一點，我們會感到恐懼，所有關於死亡和被遺棄的恐懼，在那一刻都甦醒了。

請不要改變，請維護自己的形象……

在古老的伊底帕斯的故事裡，充滿著關於結束的智慧。我們常將伊底帕斯解讀為一個童年時期爭奪愛的故事——佛洛伊德曾說，每個男人都想摧毀父親，然後跟母親結婚。但對我而言，索福克里斯（Sophocles）寫的這部《伊底帕斯王》，卻是一齣描寫轉變的神話。

想要從一個全新的角度來詮釋這齣戲劇，我們必須放棄原有的認識。我建議大家，既不要將它看成是一齣悲劇，也不要視其為某種心理分析理論的基礎，而是把它看成是你自己的一個夢。從這個角度來看待伊底帕斯，你可以將它和你自己的人生經歷聯繫起來。

不妨想像一下，某個夜晚你突然從睡夢中驚醒，心裡充滿了恐懼和困惑。在夢裡，你站在一個空曠的廣場上，四周矗立著寺廟和宮殿。在你的面前，站著成千上萬的人，他們或跪或站，還有些人因為疾病和疲累躺倒在地。所有人都盯著你，眼神裡既是期待又是恐懼。除了孩子們偶爾發出的哭泣和一兩個病人的呻吟，廣場上一片靜寂。他們靜靜地望著你，眼神哀求著你去拯救他們。

這時，有個人從人群中走了出來，稱呼你為「偉大的國王」。他說，整個城邦被下了咒語，田裡長不出作物，牲口迅速衰弱和死亡，女人產下死嬰，到處都是被疾病折磨的人。

在你還沒來得及開口前，那個男人提醒你，你是怎樣拿下這個城邦的。從前，這個城邦同樣被下了咒語，當時可怕的怪物斯芬克斯埋伏在城門之外，他拒絕解開咒語，除非有人能猜出他的謎語：什麼動物早上四隻腳，中午兩隻腳，晚上三隻腳？那時你還很年輕，勇敢地站了出來，說：「是人。」你答對了，咒語解開了，城邦裡的居民感激地推舉你為王。

於是那個男人說：「請你再像從前那樣解救我們一次吧。」（在戲劇中，他表達得更有文采：「您第一次拯救我們，恩澤莫敢或忘，您一定能夠再次做到。」）人們要求你再扮演一次你曾經擔任過的角色，他們希望你無愧於你的公眾形象。換句話說，他們是在要求你不要改變。

就在這時，你從夢中驚醒了，但是隨後很長一段時間裡，這個夢一直糾纏著你。彷彿總有一個聲音不停在你的耳邊說話，讓你無法將注意力集中在你正在做的事情上面。「再做一次吧……請不要改變……你要維護自己的形象……你只能是從前的那個你。」那個夢和喋喋不休的聲音，激起了你內心深處的某種東西，以一種奇怪的方式和你的日常生活交織在一起。那個夢，在你的腦海裡定格了，讓你開始思索自己的狀態。

在家庭、工作，甚至你自己的思想裡，都存在著這樣的訴求：請你保持原來的樣子，不要改變，重複著去做那些千篇一律的事。當你覺得自己已經轉向了一個嶄新的開始時，在這個關鍵時刻，各種強大的力量會擋在你前進的路上，有的來自你心裡的念頭，有的來自於外在因素。

其實，那個夢正象徵著你此刻的人生。伊底帕斯的處境，並不是母親、父親和孩子之間的三角關係，而是一個人所處的被撕裂狀態——一方面，正在發生的轉變推動著人生向前發展；另一方面，他和周圍環境中存在的某些因素又阻礙著這種發展，企圖讓他保持原有的狀態。從象徵性的角度來看，枯萎的農作物和死嬰，象徵著舊生命的結束以及某種死去的感覺——通常也正是結束開始的訊號。

因此，伊底帕斯的故事也可以視為我們人生的象徵：我們既想延續過去，也想超越過去。如果抓住人生中那些習以為常卻喪失生命力的東西不放，我們的人生就會陷入一種困境，伊底帕斯的故事將人生的這種困境，象徵性地展現了出來。而過去，正是詛咒的來源。

當伊底帕斯因為德爾菲（Delphi）的神諭而去流浪時，他就發現因循守舊是被詛咒控制的根源。神諭上說，在這座城市裡，有一個人謀殺了老國王，這種敗壞導致了一連串的天災人禍，而那個凶手就是伊底帕斯。二十年前，當他來到這座城邦時，曾經路遇一位老人，兩個人為了爭路而吵了起來。老人想要撞倒伊底帕斯，年輕的伊底帕斯奮起反擊，殺死了老人，絲毫不知道那個老人就是自己的親生父親萊奧司（Laius）。

但是殺人這事還不足以引起那麼多的災難，因為是神將伊底帕斯帶到了底比斯城（Thebes），並告訴他關於斯芬克斯之謎的正確答案，讓他成了英雄，並讓底比斯城在他的統治下繁榮昌盛了二十年。從這些可以看出，在當時情況下，伊底帕斯殺死老國王是符合天意的行為。就像現在的許多父母，神話中的老國王擋住了兒子前進的路，他否定伊底帕斯想成就自我的權利。年輕人想要獨立，找到屬於自己的位置，就必須象徵性地殺死他們的父親，捨棄曾經至關重要的依賴性。

但是伊底帕斯在很久以前就已經完成了這個成長過程。生命中的這一階段（用神話中的辭彙來說，就是「英雄階段」）已經完成，接下來新的遭遇正在醞釀中。這個緊接而來、無可避免的階段，就是第二章所提到的「斯芬克斯之謎」的轉捩點。雖然伊底帕斯知道答案、解開了謎題，但卻像大多數普通人一樣，沒能正確運用在他那艱難、糾結的人生上。

對伊底帕斯來說，他正處在生命中的第二個轉捩點上，他需要跳出舊有的牢籠，捨棄原來的社會身分和自我形象，雖然它們代表著他往日的輝煌。現在，敵人不是來自於外在的，而是源自他自身看待世界的方式，他急需解開心中的困惑，殺死心中的那個老人——那個想要永遠按照舊方式來生存和做事的老人。

那麼，伊底帕斯究竟應該怎麼做呢？於是，他前往德爾菲尋求答案（老邁的先知會告訴他一切）。他得到的答案是：殺死老國王萊奧司的兇手導致了種種災難。伊底帕斯於是宣布，他要找出兇手，並且將他放逐（英雄又一次出發了）。在轉變的時刻，伊底帕斯選擇了那條命運告誡他應該放棄的路。而在此過程中，英雄就這樣宣告他自己的「英雄時代」已經結束。

伊底帕斯的故事，讓我們看見生命轉變的過程。從故事中我們可以看到，那些一度讓生命前進與存續的事物，到了某個時間點，會倒過來摧毀生命。在這齣著名的悲劇中，這個主題不止出現過一次。因為有預言說他會殺死自己的父親，讓伊底帕斯在出生後不久就被親生父母遺棄了。長大後的他在聽說了那個預言後，也決定離開養父母的家。本來是為了避免悲劇發生的保護措施，卻偏將伊底帕斯引向了悲劇。我們一定也發現了，導致結束來臨的，通常就是我們認為會讓一切保持不變的語言和行為。

伊底帕斯的神話告訴我們，有一種精神，是超越所有社會道德的，它來自於伴隨生命本身的節奏而生的一種自然秩序。生命中前一個階段的目標，會在下一個階段成為負擔，這也正是為什麼，轉變儀式總是以象徵性的死亡來拉開序幕。沒有死亡，生命就只能被「污染」，這就好比按照神諭，底比斯城會被可怕的瘟疫侵襲一樣。

在經歷轉變的過程中，伊底帕斯竭盡心力地拒絕回應生命的呼喚，因此承受了可怕的痛苦。但是我們別忘了，透過《伊底帕斯王》的結局，索福克里斯想要告訴我們的是，死亡過後將是新的重生，那時展現在世人面前的將是一個全新的伊底帕斯。在索福克里斯的悲劇二部曲《伊底帕斯在科羅納斯》（*Oedipus At Colonus*）中，我們又再次見到了伊底帕斯，他已經通過了痛苦的煉獄。這時的伊底帕斯已經老了，但看上去卻顯得容光煥發，並祝福了那座曾經為他提供庇護的城邦。

伊底帕斯的故事讓我們明白了一點，那就是在重大的轉變發生時，我們會本能地表現出排斥和不理解，而這一刻對於未來的發展卻十分重要。伊底帕斯前往德爾菲尋求忠告，但他卻理解錯了神諭中的暗示。他拜訪了泰瑞西亞斯（Tiresias，古希臘城邦的一位盲人先知），卻拒絕用心聆聽這位先知告訴他的話。他把先知的話按照自己舊有的想法加以理解，在幻滅過後，他終於明白了一切。

最該捨棄的，往往在你內心最深處

變化和轉變之間有個重要的不同點是：變化總是將我們引領向一個目標，而轉變卻在一開始就要求我們放手，捨棄那些不適合你現階段生活狀態的東西。

你得明白，自己需要捨棄的究竟是什麼。當然，本書沒有一份清單，讓你可以輕而易舉地在裡頭找到答案。不過為了減輕你的苦惱，我可以給你一個有用的提示：你需要捨棄的東西，一定深深根植於你的內心。在轉變的時刻，你的腦海裡可能會突然出現一個念頭：「這段關係該結束了」或「我該換工作了」。但這種情況，只意味著你已經準備好做出改變了。而只有當你放棄了一些自己從前深信不疑的想法、對自己的評價，或是對他人乃至整個世界的看法時，才能叫做轉變。

讓我們來看一下五個以 dis 開頭的單字，請注意，其中只有「擺脫」（disengagement）

是針對外在事物而言。「拆解」（dismantling）可以是外在，也可以是內在的過程；「拋棄舊有身分」（disidentification）、「幻滅」（disenchantment）、「迷失方向」（disorientation）這三者，則都是內在的。把我們與過去綁在一起的，都是內在的因素。而那些只顧看外在因素的人，往往會選擇放棄一段感情、辭掉一份工作，或是離開一個國家……結果，自己還是老樣子。

這種人，往往會用**改變**，來逃避內心的**轉變**。他們會在工作上拂袖而去（「老闆都這個德性！」），卻沒想過他們自己為什麼老是找上這樣的老闆；他們會選擇放棄一段感情（是的，又一段），而不願放下自己的行為、態度以及各種不斷讓感情碰壁的原因。

我的意思並不是說，結束不會包含任何外在的變化，而是要強調只有「內在的結束」才是轉變的開始。如你所見，外在的變化可能導致轉變，而轉變也會引起外在的變化。比如說，搬到另一個城鎮居住，開始了新的生活，雖然我們最初做出的只是一種外在的改變，但這種改變最終卻會導致轉變發生。情況也可能倒過來，一開始我們只是覺得舊的生活方式不再適合我們，這是因為內心的變化，讓我們渴望過一種嶄新的生活，於是做出了搬家的決定。

轉變過程中的「結束」，總是與變化過程中的「結束」如影隨形，不是發生在它之前，就是在它之後。最近有個朋友跟我談起他破裂的婚姻，我正是在那時才想到這一點的。他說：「在她離開前的那一小段時間裡，我才明白一切真的結束了。早在好幾個月前，我們的婚姻就已經陷入僵局，但當時我還無法接受這個事實。當她走出房間的那一刻，我不得不承認，我們之間徹底完了。」

聽著朋友這一番話，我不禁想起我們上次共進午餐的情形，那時他的妻子剛離開了幾個星期。我還記得他又困惑又迷惘，幾乎快崩潰了。

我突然意識到，早些時候他因為無法接受妻子將要離開的事實，一直很掙扎。而當他能夠擺脫離婚的外在變化之後，終於進入了轉變的過程。這是一個普遍存在的現象。當我們過分執著於外在的變化時，要想理解轉變（特別是結束）是不可能的。從另一個角度來說，失去固然令人痛苦，但時間會治療一切，它會讓我們慢慢地接受並理解正在發生的一切，安然度過生命中的困境。

遺憾的是，我們的社會總是過於重視外在的變化，而忽視了內在的轉變，使得我們只能在變化的過程中去理解結束，而不是在轉變的過程中。然而只有後者，結束才能顯現出它真正的意義，因為它為我們打開了通往個人轉變的大門。

有時候，連我們都不清楚自己是誰

當舊有的一切再也無法如常運作時，就是「結束」開始的那一刻了。奧德修斯在他曾經獲勝的地方狠狠摔了一跤；伊底帕斯在底比斯城體驗到了一種模糊的、深入心底的失落感——他的生命力正在枯萎、失去和死亡。對某些人來說，結束的可能是一件事，而對有些人來說，結束的可能是一種心理狀態。

結束過程中的這五個階段，沒有特定的順序。以離婚來說，夫妻中有一方可能先產生否定、迷失方向等感覺，然後才決定採取行動——由此導致「脫離」；而對於另一方來說，她可能根本沒有意識到一切正在悄悄發生變化，對她來說，結束開始於「脫離」和「幻滅」。由此可以看出，結束過程中的這五個階段，沒有一成不變的固定順序。

同樣的，對於結束的反應，也沒有什麼固定模式。有些人的反應與庫伯勒・羅斯在絕症病患身上所發現的「哀傷反應五階段」類似：從否定、憤怒、討價還價、沮喪到接受[4]。在伊底帕斯的故事中，我們就可以看到人們對於轉變通常會有的反應過程。而另一些人剛好相反，一開始他們會毫不猶豫地接受，但過了很長一段時間才意識到，在過程中自己會失去某些東西。

我要強調的重點是：在轉變過程中，一定要經過結束這一關。你並不是第一個失去工作（或搬家或動心臟手術）的人，當然這樣說，對你沒有任何幫助。不過，如果你一直拒絕結束，你永遠都會停滯不前。或許你需要一些幫助，尤其是專業人士的幫助，但如果是我，我不會勸你不要為已發生的事情哭泣，在你感到傷心時硬要你換上一副笑臉。

結束，別忘了，就是一種死亡的體驗，這是一場考驗，有時它甚至會徹底推翻我們對自己的理解。正因為如此，理解結束的意義，以及一些古老的通過儀式能對我們有所幫助。正像偉大的儀式研究者伊利亞德所寫的：

> 在古老的儀式或神話中，我們會發現，死亡的新體驗並不代表終結，相反的，它是轉向另一種生命形式必不可少的因素，是一場通往重生的考驗。換句話說，死亡是新生命的開始。[5]

6 每一首歌，都有休止符

轉變三部曲之二：過渡期

放棄的東西越多，你就能為未來的新生事物，騰出更大的空間。別打破這難得的寧靜，泡壺茶、看看窗外停在矮樹叢上的鳥……

至虛極，守靜篤。（第十六章）

為無為，事無事，味無味。（第六十三章）

——老子《道德經》[1]

在很久以前的原始部落裡，處在轉變過程中的人得離開村莊，前往陌生的森林或沙漠待上一段時間，斷絕所有聯繫。舊有的身分被剝奪，也無法再過曾經習以為常的生活。這是一段屬於夢與夢交界的時間，一個混沌不明的世界撲面而來。那是一個無法為之命名的地方，是人世間一片空曠之地，是孕育新自我的空檔期。

在現代社會，身處轉變中的難關之一，正是我們已經不再重視生命中這樣的空檔期。對我們來說，空檔意味著什麼也沒有。如果這個「什麼」是很重要的東西——例如人生的意義、生活的目的——我們通常會設法在最短的時間內把它們找回來。這段尋找的期間，不會被我們當作轉變過程中很重要的一部分，就算發生一些不幸的狀況，我們也會巴望著一切都只是暫時的，忍一忍就過去了。

從這個角度看，轉變就好像過馬路一樣——如果一個人本來可以快速通過，卻呆呆站在馬路中間，那這個人真的是傻瓜。一旦你離開了馬路的這邊，就應該盡快的走到對面去。不管你想做什麼，都千萬別蹲在馬路中間想心事。

別理我，我需要一個人靜一靜……

這就難怪我們在轉變的過程中，會遇到這麼多難關。用過馬路的方式來處理轉變，對我們擺脫結束帶來的痛苦一點幫助也沒有。因為，按照這個邏輯，既然過馬路的過程這麼麻煩，我們也許打從一開始就不該過什麼馬路。

由於我們誤解、歪曲了處於過渡期的經歷和體驗，所以通常只能不情願地苦苦捱過這一段時期。很多處在轉變過程中的人，總會說自己需要有機會獨處，或是遠離那些熟悉的、會擾亂心神的一切，但卻說不上來為什麼要這麼做。他們也許會在某個民宿度過一個長長的週末，或是在某個小鎮單獨待上幾天。我班上的一位學員就背著背包，一個人在山中度過了四天，我寫這段時她才剛剛回來。「那是我生命中最奇特的幾天，」她說。「我們要怎樣聯絡你？」事前她老公曾關心地問，但過去從沒單獨離家的她只是淡淡地說：「你們聯絡不到我，不過放心，我會回來的。」

無論別人怎麼問，我們往往只會告訴那些被拋下的人，我們想離開一段時間。說實話，通常那時候的我們，也真的只知道自己得離開一下。何況，就算我們據實以告，說自己要去某個偏僻的地方，對方一定會驚訝地問：「你一個人？要去幹嘛呢？」我們無言以對，因為我們正走在一段人生的黑暗期。「我想……我需要一點時間……嗯，好好想一想……」我們也許會支支吾吾地說。

但結果是：當我們到了自己想要去的地方之後，根本就沒有思考什麼，也沒有得到任何具體的結果。相反的，我們只是在沙灘或幽靜的街道上漫步，或是坐在公園，或是在電影院。我們漫無目的地看著來往的人群或天上的雲。「我其實什麼也沒做。」回來時，我們會這樣說，而且內心裡存著一點戒備，就怕自己說了不該說的話。

然而，在這個轉折時期，「什麼也沒做」其實是一件再正常不過的事，你不需要為自己的「無為」找理由或辯護。因為，過渡期本來就該這樣。當你處於過渡期，日常生活中的種種習慣都可以理所當然地暫停下來。那些曾經讓我們成為「自己」的行為，在過去或許是有意義的，但此刻已經失去了意義。在那段「什麼都沒做」的獨處時間，我們正在完成重要的內心轉變。散步、隨意四處走走、煮咖啡、數數停在電線桿上的鳥兒、琢磨琢磨床頭櫃上的裂縫、做做白日夢，等待上帝來告訴你會發生什麼。我們在過渡期要做的，就是刻意什麼也不做，餓了就吃，睏了就睡。

我究竟是瘋了，還是開竅了？

在古老的成人禮儀式中，年輕人會被教導在面對生命的這一神祕斷層時應該要怎麼做。他們會向幻想中的人物求助，按照他們自己的說法，就是尋求一種精神上的引導。他們被一種象徵性的感知方式所引導，自然的秩序成為一種無上的法則，在天人交流之中得到指引和啟蒙。他們學著培育自己的精神，使自己對當前的狀況有更加清醒的認識——有時是透過冥想和吟頌聖歌，有時則待在發汗屋裡禁食、出汗到虛脫，有時則借助迷幻藥草。

人類學家卡羅斯．卡斯塔尼達關於巫師唐望的一系列著作中*，就說了個現代版的例子。無論這個例子是取材自真實故事或虛構的，都對我們現代人在面對過渡期的情形有著精確無比的描述。無論身在何時何地，只要你翻開卡羅斯的書，就會發現書中充滿了啟發。

隨手翻開卡羅斯的書，我看到了這一段文字：

唐望等了一會兒，接下來做了一個一模一樣的舉動：再一次把蜥蜴交給我。他要我把蜥蜴的腦袋立起來，然後用我的太陽穴輕輕揉搓牠們，這時，我就可以隨意地問牠們任何我想知道的事。一開始，我並不明白唐望要我怎麼做……於是，唐望完整地為我示範了一遍：我可以見到平常看不到的人，看到我已經遺失的東西，或看到我從沒去過的地方。我突然意識到，唐望談的這些都跟卜問有關。我開始興奮起來。我的心怦怦跳著，幾乎喘不過氣。[2]

用這種方法來「看到」某些人與事，對大多數人來說都是很怪異——甚至有點詭異的。但其實很多人在走到過渡期時，都有類似的經驗（只是事後不是刻意忽略，就是壓根兒不承認自己有過這種經驗）。由於缺乏必要的引導和確認，很多人在過渡期出現這樣的感覺時，往往心中滿是疑懼。

我班上有個叫派特的男學員，四十多歲，以前是電機工程師，很少談起自己的情況，只

＊一九六〇年，美國人類學家卡斯塔尼達（Carlos Castaneda）在墨西哥沙漠遇見了印第安巫師唐望（Don Juan），在這位精神導師引導下，對生命課題有了新的領會，開始踏上心靈探索之旅。

是輕描淡寫地告訴我們他已經「退出激烈的社會競爭」。和大家混熟了之後，我們才得知，他被一家航太業者解雇了；丟了工作幾個月後，老婆也離開了他。主要是因為他被炒魷魚了之後灰心喪氣，無意再找其他工作。「我真的很懷念那份工作，」有天晚上派特這樣告訴我們：「可是一旦那工作沒了，我卻又不想再找一份相同性質的。我不知道自己真正想幹嘛，老婆對我很失望，於是她離開了我。」

派特說這些話時，幾乎不帶情感，讓你覺得他說的好像是別人家的事。但是，當話題轉到他的奇特經驗時，他突然變得興致盎然，好像另一個人似的。據他說，以前他很少做夢，但現在每晚都會有夢。他有過幾次「視見」的經驗（他用的是 seeing 一字，意思是看見自己在看自己）。「視見」，意味著他真正明白自己的生命究竟處於什麼狀態，以及他為什麼失去了工作和妻子。「那種感覺，就好像一道牆被打破了個洞，我第一次覺得自己很清晰地看到了這個世界。」派特誠懇地說。

派特的坦誠，讓大家能夠暢所欲言，我們後來才發現，原來班上不少人都有與「另一個次元的實相」接觸的經驗，還有幾個人宣稱自己看見「聖靈的存在」。有人說，這些人的想像力太豐富了，但也有人相信，這是他們的意識達到了另一個全新的境界。「你們怎麼想都沒關係，」有位女學員說：「但我真的發現，當我進入某種意識狀態，就會出現一位可以跟我對話的指導靈。」

經過那天晚上的交流，我們發現了一個現象，那就是：對大多數人而言，隨著舊世界及舊自我形象的崩毀，意外的會帶來一種前所未有的覺知能力。這是一個很重要的發現，因為太多人不是否認自己正處於過渡期，就是被人生難關給徹底打敗。前者等於錯失了一個開展視野及深化人生意義的機會；後者就太不幸了，一個心灰意冷的人，不可能過著有意義的人生。無論是哪一種情況，這些人都失去了轉變過程帶來的機會。

如果能夠抓住這個機會，我們可以讓自己的人生變得更精采。這是轉變的過程帶給我們的禮物，只是通常處在轉變之中的我們，卻經常灰心喪氣，以至於沒發現它的存在。

在古老的部落，人們會透過種種方式——將年輕人帶到曠野去，透過禁食和疲累來削弱他們的意志；利用聖歌和有節奏的運動，來抑制他們的舊意識；用神話故事和象徵性儀式，來激發他們的想像力——為年輕男女們打造一個過渡期的轉換經驗。部落中的長者還會讓這些體驗，變得較好理解及較容易被接受。但是看看現代的我們，頂多就是靠自己誤打誤撞。我們根本不了解發生了什麼，以及這一切什麼時候才能結束。我們搞不清自己究竟是瘋了，還是慢慢開竅了——無論是哪種情況，我們都無法和旁人坦誠地討論這樣的經驗。

人生陷入混沌，其實是必要的

對大多數人來說，過渡期的經驗通常是無止盡的空虛感，覺得以前的生活出現了問題，一切都不對勁了。大文豪托爾斯泰，就曾將自己經歷的絕望與空虛描寫得很生動：「我感到在我的體內，從前的生命棲息之地如今已經崩塌了，我變得無所依傍。在精神上，我的人生已經停止了。」他被死亡的念頭困擾著，總是害怕有一天，他會拿槍指著自己的腦袋。而表面上，他的生活幾乎沒有發生什麼變化。

> 我仍然不知道生命究竟有什麼意義。令我驚訝的是，打從一開始我就無法理解這一點。那就好像有個人鑽到我的腦子裡，和我開了一個惡毒而愚蠢的玩笑……（我問自己）今天我所做的一切會有意義嗎？明天我又該做些什麼呢？我的一生究竟會有什麼意義？我為什麼要活著？我做這些又為了什麼？[3]

就這樣，在日常生活的表象之下，托爾斯泰發現了屬於過渡時期的巨大空虛。有時我不禁納悶，如果托爾斯泰將他的痛苦告訴心理醫生，醫生會怎麼說？我猜想大概會是這樣子的：

「你第一次注意到這種你所說的『惡毒而愚蠢的玩笑』，是在什麼時候？」

「好幾週了。」

「你經常懷疑別人在嘲弄你嗎？」或「這幾天你和托爾斯泰夫人的關係怎樣？」或「告訴我一些有關你童年的事。」

或者更糟的，不過也是更常見的說法：

「好吧，現在，列夫——你不介意我稱呼你列夫吧？我們稱這種人生的艱難時期，叫『中年危機』。」

或許，還好托爾斯泰沒去看心理醫生。他可以透過其他方式得到幫助，例如那些能夠理解他痛苦和困惑的人。如果他明白了自己所經歷的空虛，是轉變過程中必然會有的感受，意味著他的新生命即將開始，那麼他的心情也許能調適得更好；如果他知道很多人都有跟他相同的經歷，他也許就不會感到那麼孤獨；如果他擁有一些能幫助他的工具，他也許就會更充滿自信地面對未來。

在古老的部落裡，長老們就會在儀式和引導過程中，為年輕人提供這些「工具」。但是，身為文明社會中的現代人，我們必須靠自己打造適合的工具。你可能會想，何不回頭去找那些已經失落的儀式，重新賦予它們生命？我認為，那些儀式不見得適用於現代的我們，相反的，試著去理解那些古老儀式如何幫助人們更容易度過過渡時期，繼而找到自己的因應之道，也許是一個更好的方法。

在新舊生命交界處之所以會出現空虛感，有三個原因：首先，轉變基本上不是機械式呆板的修補人生，而是生命中一種死亡與重生的歷程。儘管我們的現代文明在機械科技方面很發達，但對於死亡與重生的理解，很多還是要回過頭來向我們的老祖宗學習。就像伊利亞德所寫的：「**在那些古老的傳統文化裡，返回混沌狀態是重生必不可少的環節。**」[4] 混沌，並不等於一團糟，事實上，它是一種純粹的能量狀態。不管是人、組織、社會或其他事物，唯有重回這個狀態，才有可能重新開始。只有當你用舊眼光去看，才會害怕混沌；換個角度來看，混沌就是生命本身，只是還沒有被賦予具體的形式罷了。

其次，生命的瓦解和重整，是宇宙萬物更新的根源，也是新舊生命之間存在著過渡期的原因。正像范傑納在他的著作《通過儀式》（*Rites of Passage*）所寫的：

> 儘管太空星體可以沿著天體軌道持續運行著，但各種生理和社會活動卻不行。由於能量會耗盡，每隔一段時間（間隔時間長短不一）就需要補充能量。通過儀式，回應了人們的這個基本需求。[5]

在這個到處充滿壓力、疏離、疲累的社會，這正是我們所需要找回的一帖智慧良藥。誤把轉變當作「修補人生」的人，往往會說自己該「充電」、「檢討」了，以為只要把有問題的部分解決了，把缺漏的地方補足了，就能獲得新生。錯了，我們只有回到原始能量的混沌狀態，才能獲得真正的重生，而過渡期的存在，正是為了讓我們可以進行自我更新。我們需要它，就像蘋果樹需要寒冷的冬天一樣。

最後一個原因是：過渡期能讓我們看清人生之旅的不同階段。在回顧中，我們發現過去真實的生活，如今看起來卻是如此虛幻，此時的我們對事物產生了一種非凡的洞見。當然，沒有人能夠長期生活在這種狀態中，但當我們經歷了過渡期，重新投入日常生活時，我們將能明白生活中每一刻，原來都有著我們所不理解的一面。過渡期引領我們以一個全新的角度來看人生，終其一生，這樣的視野將不斷成為我們智慧的來源。

跌一跤，別急著爬起來，試試這些建議吧！

你可能覺得，這聽來好沉重——沒錯，的確是很沉重。也許你覺得自己只是不小心在人生路上滑了一跤，只需要一隻手來幫你站起來。這個嘛，我覺得你不妨先問問自己：為什麼會跌這麼一跤？你也該明白，這時候先別急著站起來，因為這樣我們才能好好聊聊，接下來該做些什麼。

接下來該做的，不只是一心想要擺脫，而是同時要理解自己怎麼走到這一步。以下是一些實用的建議，有助於你從過渡期找到意義。

接受吧，你需要這個過渡期

不妨問問自己：為什麼會陷入今天這樣的處境？找出這個問題的答案很重要，有助於你避開兩個常見的陷阱——我稱之為「快轉陷阱」和「倒帶陷阱」。

很多人常會這樣想：轉變的過程，能不能進行得快一點？我能不能更快地擺脫此刻的空虛，迎向新生活？然而，就像自然界很多現象，過渡期的出現是有其道理的。如果能按下「快轉鍵」，跳過一切不愉快，聽起來就很讚，但這麼做只會打亂應有的規律，非但無法讓你從過渡期解脫，相反的，還會把你推回到起點，重新再來一遍。所以我建議學學烏龜：別理那隻兔子吧！

身處過渡期的人，還會受到另一種引誘：想要抹去已經發生的一切，回到原點。如果可以這麼做也不錯，但可惜，你的生命中並沒有「倒帶鍵」可以讓你按下，你無法真的回到從前。何況，現在的你即使回到從前，也和過去不一樣了。

找個安靜的地方，定期獨處

處在轉變中的人經常會發現，自己得繼續疲於應付各種人與事，而這些人與事卻和他們此刻內心所渴望的一切無關。再加上，處於這個階段的人往往容易感到寂寞，反而會更想找人聊天。但事實上，處於過渡期的人最需要的是獨處，傾聽自己內心的聲音——趁孩子們上學時做家事，或是等同事下班後自己留下來處理事情，都不是我所說的獨處。

在古老的通過儀式中，總是會給年輕人充分的獨處時間，地點通常在曠野（有趣的是，對摩西或佛陀來說，曠野都成了聖地，因為他們人生的緊要關頭都在曠野度過，這些在地圖上找不到的無名荒野，後來也成了世人景仰的聖地）。獨處需要一段相當長的時間，活在現代的你可能辦不到，不過你可依照自己的生活現狀來調整時間。

比方說，你可以每天早晨比家人早起四十五分鐘，坐在客廳裡安靜喝杯咖啡；或是下班後，一個人固定慢跑半小時；或是長時間開車時，開音響聽聽大海的聲音或寺廟鐘聲；或是清出你家的儲藏室，掛上「請勿打擾」的牌子，晚飯後在那裡安靜待上一個小時。

記下你在過渡期的經歷和感受

通常這段期間因為沒有什麼明顯的事件，因此會讓你覺得根本沒發生什麼重要的事。不過，如果你在隔一天或隔一週後回頭看，也許就能看見曾經發生過的哪些事情是重要的了。記錄的方式很重要，否則很容易變成流水帳。記下你一天或一週的經歷：發生了什麼事，或有可能發生什麼事？你的情緒如何？你想了些什麼？發生了什麼令你困惑或不尋常的事？你希望自己做出怎樣的決定？你做了什麼夢？

有一次演講結束後，有個男子走上前來對我說：「在過渡期中，根本就沒有任何東西值得記錄啊。」是的，這就是矛盾所在，我也承認，明知道過渡期空無一物，卻又建議大家做記錄。不過，就像愛默生（Ralph Waldo Emerson）說的：「每個人的處境，就是他心中疑問的解答，在領悟到真理之前，他其實已將真理運用在生活上了。」[6] 我們必須試著解讀這些蘊藏在生活中的道理，這樣，才能理解我們所經歷的一切，究竟代表什麼意義。

當你在記錄自己的感受時，為了將想法形諸於文字，你會放慢步調。此時，你所經歷的事情，輪廓也會漸漸清晰。先不要對究竟會發現什麼懷抱預期心理，因為以我的經驗，我發現這會讓我老是在尋找答案，好解答自己的疑惑。然而，就像我一樣，你也終將會發現，過渡期送給我們的禮物之一，就是給你一個最前排的座位，讓你可以近距離觀看自己如何塑造想要的「現實」。一旦有了這個體驗，你將發現，以後當你遇到痛苦或不愉快的事情，就比較能淡然處之。

利用這個機會暫時休息一下，寫一部自傳

寫自傳？真的假的？為什麼是我？為什麼要現在寫？

因為有時候，唯有看清了自己的來時路，才能明白未來將往何處去；因為懷舊是人的本性，過去雖然結束了，但你還是會情不自禁地老去回想；因為過去的你也曾有過轉變的經驗，回顧會帶來一些對現在有用的資訊。

被你稱為「過去」的那段時間，其實只是你生命中的一小部分。這些狀況和事件，影響著你的現在。小說家喬治．歐威爾（George Orwell）在《一九八四》有句名言：「**掌握現在的人，掌握了過去；掌握過去的人，掌握了未來。**」[7]歐威爾精確地揭示了一個道理：因為現在，過去發生的一切才有意義；而過去發生的一切，又預示著未來。

在轉變的時刻回顧過去之所以重要，原因很多。首先，當下正經歷轉變的你會發現，

「過去」很可能跟你以前所理解的不同。過去，不是一幅靜止的風景畫，或插在花瓶裡的一束花，而是尚未加工的素材，等著我們去拼湊及思索。

這樣想像一下：你在匹茲堡出生，有兩個姊姊，你的祖母死於一九五三年。當時你父親因為工作關係出了趟遠門（還記得嗎？他曾為你們各買了一件運動衫），而你母親的情緒很低落。你問姊姊這是怎麼回事時，她說父親出門前和母親吵了一架。你姊姊猜想，父親表面上說是出差，其實有可能和母親分居了。

總之，那是一九五三年的事了……慢著，你父母當時可能真的是分手了，因為那年夏天，你突然被送到了舅舅家，而且他們還幫你在咖啡館找了一份工作，你差點留在那裡。天啊，當時的你可沒想到，那真是人生的一次大轉折啊！（如果當時一直待在舅舅家，然後沒去上大學的話，後來的人生會變成怎樣？）

唯有當你發現「過去」不一樣了，你才可能對自己的人生有更清晰的理解。已經好多年不曾想起的事情，此刻在你腦海重現，當初你所認知到的情況，如今卻發現並非如此。如果「過去」跟你想的不一樣，那麼「現在」也會跟你想的不一樣。放下你對「現在」的想法，能讓你更容易想像未來。當我們處於過渡期時，很多事情看起來都會與以往不同，因為在結束過程中，你會捨棄很多東西，其中之一就是不再用特定的角度來看待過去，而這也會讓你學會不再用同一個方式看待未來。一旦你開始這樣做之後，你會發現無窮的可能性。

抓住這個機會，找出你真正要什麼

你想要的是什麼？我們總是習慣性地以為自己知道要什麼，只不過礙於生活環境的限制，無法得到而已。「真希望我可以……」有沒有覺得這幾個字很熟悉？然而，一旦這些外在的限制隨著轉變過程消失，現在沒有什麼能阻止我們去做想做的事了，我們卻可能會改口說：「真希望我知道自己真正想要什麼……」

我們以為自己清楚自己的「需要」，其實不然，因為那是長久以來的壓抑心理所造成的結果。當我們小的時候，大人常告訴我們，人都是自私的，無論得到多少都不會滿足。他們可能也告訴我們，我們只是自以為知道要什麼（例如「你不會真正想要那個的……等你長大後，就會明白……」）。一次又一次的，我們的需要被忽視，我們的失望也越積越深。終於，我們學會漠視自己真正的需要，來自我保護。

所以許多年後，我們面臨了這樣一個時刻：必須弄清楚自己真正的需要。我們的內心充滿了疑慮和困惑。怎樣才能走出困境，找出自己的真正需要，並用它來為我們的明天調整方向？你可以嘗試以下的方法：

想像一下，你現在就想要吃喝點東西（假設此時此刻不管你開出任何條件都能被滿足）。別再往下讀，就是現在，請想一想：「我現在最想吃或想喝的，是什麼？」在你繼續往下讀之前，花一兩分鐘想想這個問題。

當你試著回答這個問題時，有聯想到什麼事情嗎？不，我不是指你的答案，我們要探討的是你得出答案的過程。你是怎樣得出答案的？

1答案是來自哪個部分的你？你的嘴，你的胃，還是你的腦袋？

2你想答案的方式，是否就像在考試時回答一道歷史考題？

3你的腦海裡是否出現了一連串菜名——漢堡，哦，不……煎肉排，太油膩了……霜淇淋，會胖……

4你是不是想起了最近吃過的好東西？

5你是不是努力回想著自己偏好的口味？

6你是不是原本想出一個答案，卻隨即放棄了，因為覺得說出來會顯得太蠢或太怪？

有些人靠本能就知道自己想要什麼，因為他們的嘴或胃會告訴他們，然而，多數人卻想不出一個答案。如果你是後者，那麼在許多做決定的重要時機，比如關於愛情、工作這類會影響你下半生的事情上頭，你同樣會猶疑不決[8]。

想像一下，如果你現在就死去，你會永遠留下的是什麼？

假設現在有一棵樹正好砸在你身上，或是你突然心臟衰竭。於是，一切都結束了，你的生命就此畫上句號。然後再想像一下，你被邀稿替當地報紙或校刊撰寫訃聞，你將會怎麼寫你自己？

這並不是要寫你一生的故事，而是在這一生中，你做過些什麼，又有哪些還沒做。你可能會草草寫上生卒年、父母手足、教育程度之類老掉牙的文字，以及這樣的結尾：「在臨終之際，他……」（他怎樣？正朝著嶄新的開始摸索前進？充滿恐懼地逃開？還是，在生命的最後時刻，還想要努力滿足別人對他的期望？……）

如果說結束意味著死亡，那麼關於死者的生平介紹，就是對你過去的論定。當你站在過渡期無邊的空虛之中，回過頭看著自己的過去時，心中有怎樣的感受，又想了些什麼？在你過去的生活中，有哪些夢想、哪些信念、哪些才能、哪些想法、哪些特質？此刻，你正處在生命的轉變關頭，人生下個階段正漸漸露出端倪。這是一個機會，抓住它，你就可以做出一些不同於以往的事情來，更深刻地表達出你自己。這是一個機會，一個開啟新章的機會。

花幾天時間，想出一個適合你自己的轉變之旅

我一再強調，我們無法複製那些古老的轉變儀式。那些傳統的老部落很少接受什麼特定的新事物，他們一輩子都活在各種儀式與心靈紀律之中，並被這些儀式與心靈紀律所形塑——這正是我們所不具備的。

但這並不表示，你此刻內在的變化就無法被表現出來。處在過渡期的你，可以去一個自己不熟悉的地方，離開日常習慣的一切，以避開它們可能對你產生的影響。周圍的環境越簡單，你就越可能深入自己的內心世界。

這段期間的飲食也應該少量，並力求簡單自然。如果你正沉迷於某本小說，把它留在家

裡吧，不要帶在身邊，同時還要注意不要讓任何娛樂活動使自己分神。隨身帶著筆記本，有想法就記下來，但不要讓自己有壓力，覺得非得在上面寫點什麼不可。

從日常的生活退到空虛中，慢慢磨練自己的忍耐力。放棄的東西越多，你就能為未來的新生事物，騰出更大的空間。專心地做你正在做的事，不要讓其他事情打破這難得的寧靜。泡壺茶、穿鞋，或是只看著窗外停在矮樹叢上的鳥，這些才是人生最真實的體驗。任何小細節都值得你注意，它們就像一個個音符，合在一起奏出了一曲偉大的交響樂。

如果你能享受這種種感受，不妨再用一個晚上來守夜吧。除了在爐子裡加點柴火，或是偶爾為自己拿點飲料，其他什麼也不要做，只是整夜靜靜待著。為了讓自己保持清醒，最好坐著，不要躺下來。如果你能起來走一走，可能會對你更有幫助。

過渡期並無神祕之處，在此期間，你不需要去考慮什麼人生的重大問題，只需找到一個適合自己心境的環境，簡簡單單地過一些日子。拿掉你戴慣了的「現實眼鏡」，你才能以新角度來看待世界。在這個特殊的時期，記錄下你的種種直覺和後來真正發生的事、瘋狂的念頭，以及早晨醒來最初幾分鐘你所記得的那個夢。

如果你想做些古怪的、具有某種象徵性意義的行為，儘管去做吧。有人會用木棍在地上畫圈，然後自己在中間坐下；有人會寫下自己最後幾年想做的事情，然後再一把火燒掉；有人會對著天空中的滿月自言自語；有的人會在一根新找到的拐杖刻上奇怪的螺旋圖案。時過境遷後的某一天，你也許能明白當時所做的事情有何意義。但現在，盡可能沉浸在轉變的狀態中吧。

不過，我要提醒你的是，讓你全心投入這個過程，並不是要你去做一些傻事。半夜裡在叢林裡漫步，跟喝毒藥找死的意思差不多；一個人在洶湧的浪頭裡游泳，也同樣會要了你的小命。處在過渡期的你，要做些平常絕對不會去做的事，但不等於去傷害自己。

過渡期就是這樣一個時期，你可以去做任何想做的事，就好像那些古老的儀式一樣，你應該那樣去做，而且要全心去做。這可能是你這輩子第一次「放任自己」——不需要得出一個答案，也不需要完成什麼東西。如果你感到快樂，那就盡量快樂吧；如果你感到煩亂，就讓自己煩亂吧；如果你感到孤獨和傷心，那就全然去體會。在生命的這個階段，不要管什麼是最好的反應，也不需要再去做出最好的反應。無論你的感覺是什麼，那都是真正的你。在過渡期，你就這樣以最真的面目，一個人體會所有感覺。

為什麼會有冬天，為什麼音樂中會有休止符？

死亡儀式的價值，不在於儀式本身，而是讓我們能更深入認識這種自然轉變過程。無論是死亡、過渡或重生，都不是我們賦予生命的概念，而是生命原本就具有這樣的現象，我們只是發現這些現象而已。唯一的重點是：別被事物的表象所迷惑，而是看到表象之下真實的運作方式。

有了這種洞察力，你就會發現過渡期——新舊生命之間的橋梁——其實是一段具有重要意義的分水嶺。我描述的轉變過程，是特意簡化過的，以方便讀者區分及理解。我曾經說過，轉變發生的順序是結束、過渡期，最後才是嶄新的開始。但在實際生活中，未必都會這樣按部就班進行。有時候，是先進入過渡期，然後才結束；有時候則是在嶄新的開始之後，才會出現過渡期。

以前者來說，我們通常可從那些工作與家庭上的「活死人」身上看到。這種人看起來，原本的一切還沒有結束，還沒有「脫離」——工作還是原來的工作，婚姻也還在——但是主人翁已經不在裡面了。這種人可能在心底深處已經暗自下了決心，要放棄原來的工作或感情，只是外表上看不出來。

另一種情況也經常發生，那就是「結束」與「開始」同時進行，根本沒有給過渡期留下任何空間。比如說，你可能突然決定搬到外縣市，立刻開始新生活；或者是放棄了原工作，馬上就找了新工作，沒有給自己留出時間來調整；或者是沒有時間獨處來結束過去，就馬上開始了一段新感情。這種人往往是在走進新的生活之後，才發現一切是那麼不真實。他們常會說：「我還沒有進入狀況！」當然，慢慢熟悉了新環境之後，這種陌生感會漸漸消失。但要注意的是，這種陌生感通常也是因為他們跳過了過渡期的緣故。

無論如何，過渡期都是我們進行內在調整的時期，但也是最不被現代人重視的人生階段。如果我們把自己的人生當作只要插上電就能用的電器，或是只要插上鑰匙就能說停就停、說走就走的車子，那麼我們將無法明白，為什麼會有農閒期，為什麼會有冬天，為什麼音樂中會有休止符[9]。

事實上，真正有意義的轉變，正是在過渡期完成的。重新調整內心，理清自己紛亂的思緒，讓生命可以自然地演進到下個季節，這一切都是在不知不覺中完成的。回過頭看，人們常常會說：「在那之後，事情就接二連三、自然而然地發生了。儘管在當時，我根本不明白事情會怎麼發展。」如果人們能懂得自己在過渡期所想所做的一切的意義，他們一定會說：「在當時，雖然根本不知道事情會往哪裡發展，但在那一刻，我們真正地認識了自己。」

只有少數人能在經歷脫離、拆解、否定的迷惑和失落感中，找出過渡期的真正意義，而這在我們看來，正是現代社會的不幸。如果不能理解過渡期的重要作用，「迷失方向」的結果，只會讓人更困惑，而糊塗的人們則以為他們需要的只是清醒的腦袋。缺乏對於過渡期的理解，我們就只能像夢遊仙境的愛麗絲一樣，站在兔子洞的洞底，喃喃自語：

> 他們垂下腦袋，說：「上來，親愛的！」但是根本沒有用。我只能望著上面，然後告訴他們我是誰。如果我願意成為那個人，我就可以上去了；如果我不願意，就只能待在這裡，直到我能成為那個人為止——「可是，天啊！」愛麗絲喊道，突然哭了起來。「我真希望他們將腦袋伸進來！我再也不想孤零零地待在這個地方了。」[10]

這裡的確很寂寞。但其實你不知道的是：你並不如想像中寂寞。

正如同歷史學家湯恩比所指出的，每個人在重生的前夕，就像被放逐到了兔子洞或森林中。在研究聖保羅、聖本篤、教皇大貴格利（Gregory the Great）、釋迦牟尼、穆罕默德、義大利政治哲學家馬基維利（Machiavelli）、但丁（Dante）等人的一生後，湯恩比說：「**人的一生就是被放逐和回歸的過程。**」[11]

雖然說，我們基本上不相信自己能撿到什麼火把，就算坐在菩提樹下也很難開悟，但是能知道這些偉人原來也曾在過渡期時摸索前行，多少讓我們感覺良好些。我們的人生也許渺小得多，我們所悟出的人生道理也沒多偉大，但是我們和偉人們所經歷的轉變模式，卻是一樣的。

7

與心中的老人告別

轉變三部曲之三：生命新「起點」

負責管理犯人的獄卒，自己其實跟犯人沒兩樣。

一旦事情開了頭，
就已經完成了一半。
——賀瑞斯《書信集》（Horace, *Epistles*）[1]

我們生活在一個很多東西只需要按鍵或鑰匙就能啟動的世界。遇到什麼運轉不順的問題，我們也有相應的標準程序，來檢查出是哪裡出了問題。總之，沒有什麼東西是不能被修理好的。

這種觀點在我們的社會裡俯拾皆是。拿女人生小孩來說吧，雖說現在很多人的觀念在改變，但直到今天，懷孕的女人還是常被當作某種「身障人士」；生小孩這件事，也常被視為不過是一次外科手術——寶寶被取出來，母親被藥物送入夢鄉，其他的都交給醫護人員搞定就對了。

既然我們是這樣看待新生命的誕生，那麼我們會以同樣的觀點來看待「重生」也就不足為奇了。在很多人看來，重生，就像把壞了的東西修理好一樣，簡單得很。

正因為很多人缺乏對重生的正確認識，因此總是以為一定有一位「心產科」醫生（像婦產科醫生那樣），把我們從困境中拉出來，把我們拍醒，然後繼續過日子。當你讀這一章時，很可能連你也希望能在書中找到一些簡單的操作方法，讓你能輕易地重新啟動人生。

空氣中突然瀰漫一股香氣……

我對困境並不陌生，我人生大半歲月都在與它對抗。我總是在想，怎樣才能知道「結束」已經完成，又怎麼曉得「過渡期」已經結束？我怎樣才能知道眼前的路，哪一條才是真正的「起點」？哪些前人的足跡能將我引向一條正確的路？人生能邁入新階段當然很好，不過這可不像在學校裡的地圖，會用不同顏色標出不同州。我也曾經渴望找到最簡單的方法，不必傷腦筋就能跟困境說拜拜。

但事實上，生命有著自己的復原能力。我們老是以為，想要擺脫困境，就非得做點什麼不可；然而，人生中絕大多數「起點」的發生，其實都沒有什麼特別徵兆。英國小說家約翰·高爾斯華綏（John Galsworthy）曾經這樣寫道：「起點，都是亂糟糟的。」[2]他說得對極了。

回想一下，你生命中那些重要的「起點」。或許，某個早上你巧遇一位老友，已經多年沒見的他告訴你，他公司裡剛好有個職缺；你在某次聚會上認識了你後來的另一半，而那次聚會其實你本來是不想參加的；你之所以學會了吉他，是因為出麻疹期間沒別的事可做；你會去學法語，是因為西班牙語的班得早上八點上課，而你很貪睡；你讀到一本改變你一生的書，只因為你朋友家的茶几上，就只有這麼一本書。

這些經驗都告訴我們：當我們準備好踏上起點，機遇就會很快降臨。在轉變關頭上，每一件發生在你身上的事，都像是一把鑰匙，只能打開一扇門，鑰匙對了，門就會被打開，讓你走出去；鑰匙不對，你就只能繼續留在過渡期。

在古老的文明中，關於創世紀的神話常與病人有關。著名的羅馬尼亞學者伊利亞德曾這樣解釋：

> 當病人象徵性地與創世紀連結，病人就像獲得重生一樣。一個活生生的生命，是無法被「修理」的，只能重新打造。病人，需要的是重生，需要的是在重生那一刻，再度獲取能量。[3]

這就難怪，一個文化如何看待新生命的誕生有多麼重要；也難怪我們都渴望能夠有什麼方法，能讓我們不必經歷重生的痛苦與掙扎。因此，無論我們多麼希望能從外在的世界找到路標，指引我們通往未來，我們其實真正需要的，是留意自己內心的訊號，提醒我們新生命的來臨。

其中最重要的訊號，通常剛開始出現時會讓你隱約覺得「不一樣」——就像樂曲裡出現的新旋律，或是空氣中突然瀰漫著一股香氣。它們通常很微弱，以至於難以察覺，尤其是在周圍其他刺激太強的情況下——這也是為什麼當我們身處轉變的時候，總是會想給自己留一些空閒和安靜的時間。

我曾經訪談過許多身處轉變的人，根據他們的經驗，「起點」來臨時的訊號，通常很微弱，可能只是一個想法、一個印象或是一個影像。你無法用一個詞來描述這種經歷，但你通常會想像出一些場景和活動，並且為之深深吸引。

此刻的你，很可能已經身處在新的起點之中了，只是自己卻渾然不覺。我班上有個女學員，常想像自己和一群調皮搗蛋的孩子在一起。但她完全沒有想到，那其實正是她最想做的工作；班上還有一位男學員，總是幻想自己正在經歷著事業上的冒險，同樣的，他也從來沒想到過，那正是他應該在事業上採取下一步行動的訊號。

有些時候，答案可能來自別人無意中說的話，或是你自己忽然想起的一句話。「你太常引用研究報告了，」班上有位作家說，她朋友有次這樣告訴她：「但我最喜歡讀的，是你的親身經歷。」這只是閒談中的一句話，一般人聽過可能就忘了，「這句話總是在我的耳邊響起，」這位作家說：「對方似乎知道我心裡的疑惑，所以才會這樣說。」

有時候，答案會以夢的形式出現。班上有個女學員，一直想好好發揮自己的縫紉專長。「製作耶誕節墊子當然也很棒，但我總覺得不夠。」她說，有一晚她做了一個夢，夢見自己回到家，看見一條通向左邊的走廊（事實上，那兒只有一堵白牆），她沿著走廊走，步下幾個台階，最後發現自己站在一間小女孩的臥室。她很訝異，因為她從來不知道自己的房子居然還有一間這樣的房間！「我心裡好希望，那是一間畫室或藝廊。」當我們討論到「夢境」這個主題時，她說自己過了很久，才意識到自己童年時就愛幻想活在一個充滿著編織品的世界。於是她開始認真投入，最後成為一名成功的編織品藝術家。

就像大多數人一樣，她只是從表面上看到生命顯現給她的訊號。她渴望成為藝術家，期待從生命中得到一個訊號：「行」或「不行」。她想得到一個答案，卻幾乎忽略了生命已經為她指出道路。幾乎就在她快放棄成為藝術家的時候，在夢中看到走廊，發現那個臥室，才釋放了她的天賦。

沒錢、沒時間?別自欺欺人了啦

真正的起點，正是來自這種內心世界的重組，而不是什麼外在的改變。我不知道有多少次，看著人們在內心渴望的推動下，克服了一個又一個本來不可逾越的障礙，最後實現自己的目標。例如，有一位當時剛離婚的四十歲女人，帶著三個孩子（其中一個還有殘疾），沒有大學文憑，卻想要成為大學教授！「那可是要花好多好年啊。」每一個聽她說出這個志向的人都提醒她。但她一步一步地走過來了——上大學、讀研究所，外加一段漫長的四處打工生涯，最後終於成為她夢寐以求的大學教授。

還有一個醫生說，年輕時他想要成為打擊樂手，但由於父母反對，因此在大學時代就放棄了這個夢想。現在，他已經快五十歲了。有一年夏天，他去聽一位朋友的女兒演奏，心裡非常渴望自己也能在舞台上演出。隔年，他設法騰出了一整個月的時間，重新去學打擊樂。一個月過後，他下定了決心。這個轉變確實不容易，他必須重新安排他的收支——得換到較小的房子，而且還要靠貸款支付孩子們的大學學費。更困難的是：他不能再為病人看病了，也不再參加以前的各種活動，更別提他現在得花很多時間上課、試聽和練習。但他還是做到了，儘管家人和朋友百般勸阻，認為他會得不償失，最後不但錢沒賺到，搞不好還會對音樂倒了胃口。「有時，我確實會想起以前的生活，」我上一次和他交談時，他告訴我：「但我從來沒有像現在這麼快樂過。」

我舉的這些例子，幾乎都是職業上的轉變。因為很多人往往會說，他們之所以沒法實現夢想中的新起點，是因為沒錢、沒時間。我們總以為，生命和事業是呈線性發展的，這種觀念深深影響著我們，也局限了我們對自己的期待，以至於我們常常低估了成年期所可能發生的重大轉變，也不理解這種轉變所能帶來的成就感。

例如，很多人都聽過林肯年輕時的故事，他是個窮小子，卻滿懷抱負。歷史告訴我們，這位美國歷史上最偉大總統的個性，在小時候就已成形了。不過事實上，告別童年之後的林肯，並不是什麼特別了不起的人物——他沒穩定的工作，婚姻也不順，在國會中的表現平平，還患有憂鬱症。改變他一生的大轉變，不是發生在童年，而是三十歲左右的一場轉變之後，林肯才意識到自己正在做什麼，以及自己真正能做什麼。走過黑暗的內心過渡期，林肯找到了他未來的種子。從那時開始，他的人生和事業迅速爬升，這對數年前的他來說是根本無法想像的。還有甘地、美國前第一夫人愛莉諾・羅斯福（Eleanor Roosevelt）、德蕾莎修女、詩人惠特曼（Walt Whitman）等名人，全都是到了人生成年以後，才開啟生命的巨大轉變。

不過，這些例子很容易讓人誤以為只有偉人或有著特殊天分的人，才可能到了中年還有勇氣重新開始人生。事實不然。每個人都可以重新開始，只是往往當我們想要重新開始，內心就會有某種聲音要我們別那樣做——邁出那一步，你麻煩就大了！

邁出第一步時，每個人都會焦慮和困惑，只是程度不一，但最終都會從恐懼中走出來。真正的轉變，會打破我們過去對於「我是誰」及「我需要什麼」的想像。按照我們真正所想的去做，等於是在說：「我是一個獨一無二的人，我存在著。」此刻的我們，比原來的我們更成熟，也更有深度。對過去的我們而言，成年就只是意味著不再靠父母、獨立生活，而現在，我們才算真正當自己的主人。

前述那些偉人雖然為我們指出了前進的道路，但身為我們的表率，他們也常要將自己的困惑藏起來。美國前第一夫人愛莉諾．羅斯福曾回憶起她三十五歲時的痛苦轉變，她寫道：**「一直到生命發展到某個階段，我們才看清楚自己究竟是誰，於是我們做出了真正的決定，擔負起應該承擔的角色。我們做這個決定，主要是為了自己，因為你不可能為別人而活——即使是為了自己的孩子，也不行。」**[4]她沒有說的是，她是在經歷過人生大挫敗後，才有這番體悟。那次挫敗差點要了她的命——她發現丈夫和她信任的朋友搞外遇，這不僅意味著她失去了家庭的安全感，還得克服羞辱和對自我的懷疑。走過這一切之後，她靠自己的努力，成為舉足輕重的公眾人物。

你心裡是否同樣住著一位老人？

想要有成功的起點，除了需要堅持，我們還要弄清楚：究竟是哪些原因在破壞我們的信心，不斷地在我們的計畫上畫陰影？

班上有一位學員這樣說：「我覺得心裡深處住著一個老人，怕死了一切新事物；相信著如果想生存，最好的辦法就是乖乖沿著老路走，慢慢來，安全至上。」他是個科學家，父母親是移民，一輩子生活在猶太人聚居的狹窄巷子裡。無論他經歷了多少外在的改變，內心深處的他仍然在父母自小教給他的「安全模式」下生活。別冒險，千萬別冒險，他的一生就像蜘蛛，不停地為自己織著安全的網。

然而，轉變還是來臨了。他的婚姻亮紅燈——老婆覺得自己像黏在他那蜘蛛網上的飛蛾。他也看到了自己應該做些改變，最後和老婆重新建立起新的婚姻關係。他很開心，「放開了她，也放開了我自己，」他說：「我發現，負責管理犯人的獄卒，自己其實就跟犯人沒兩樣。」

但要注意的是：我們前進的每一步，都會觸動內心的警報系統，導致很多人又走回到老路上。今天，你可能決定開始新的生活，但明天，又會懷疑別人的動機和自己的衝動。「我到底想幹嘛？」你可能會這樣問自己：「何必自找麻煩呢？」接下來，你可能會經歷一段拒絕改變的時間，並壓抑你內心真正的渴望——更多的自由、更多的精力以及新的目標。我們的內心深處，似乎都存在這樣一個角色——他的職責就是在我們身處轉變的過程中，跑出來將我們拉回到保護傘下。

類似的情況，也會發生在婚姻關係中。一個人的新起點，往往會帶來兩人之間的衝突，以及一種背叛感。婚姻中的一方即將做出的改變，對另一方來說是個危險的訊號，因為它暗示著雙方原來的默契——也正是婚姻建立的基礎——需要重新檢討了。過去，你們相互了解；但是現在，你想變成另一種人，而她……好吧，她也得跟著改變才行。處理這個問題，你們雙方都得公開與坦誠才行，因為拐彎抹角和拒絕接受，只會激起另一個人的反彈。

改變，其實只是為了逃避真正的轉變

還有一點很重要，那就是：弄清楚什麼是真正的嶄新起點，什麼是單純地抗拒結束。

我的轉變班上，有一天有個男學員看起來痛苦又沮喪。他說，他已經結婚四十年，而現在，婚姻正處在危險邊緣。原因是他最近退休了，他老婆卻無法適應，讓他覺得老婆只把他當作搖錢樹。男人一邊說，一邊沉重地嘆氣。

我們對他充滿了同情。有人問他，怎麼會這樣想？原來，他幫老婆收拾廚房，但她卻把他趕出去。以前過慣了規律生活的他，退休後剛閒下來的那幾天，為自己找到了一個新任務——整理廚房裡的碗櫥。當老婆旅行回來，發現廚房中的東西都換了地方，每個架子上都貼著標籤，每個碗櫥門上都貼了明細表。「看，我為了幫她費了多少心血！」他傷心地說。

以前從不幫忙做家事的他，打從心底認為自己的行為是一種轉變，而他老婆卻不能忍受他的轉變。但事實上，真正不能接受轉變的，是他自己，或者說，他沒完成轉變的三個必要階段，並重新開始。相反的，他只是用新的方式保持原來的習慣和行為。他在逃避結束，卻以為是嶄新的起點。

遺憾的是，生命中的這一刻，沒有什麼石蕊試紙可以讓我們測試一下自己的心理。通常要看清楚一條路是引人前行或後退，並不容易。有時候，我們需要沿著它走上一段路，才能確定。不過，若能先弄清楚兩件事，將有助於你認清這個問題。第一，是那些很熟悉你的人，會給你什麼樣的反應？他們是認為你跟以前不同了，還是認為你老狗變不出新把戲？其次，是看看你的轉變過程：你是否真的已走完結束階段，進入了過渡期，並找到自己想要的起點？還是說，你以為的「起點」，只不過是你逃避結束和過渡期的另一種方式？

真正的起點，只能從我們的內心世界出發。有幾件事，需要我們去做。首先，是「停止準備，開始行動」。

這其實很簡單。「做準備」可以無休無止沒有截止期限，而我們內心抗拒轉變的藉口之一，就是說自己想再準備得充分點（等等，再等等……）。當然，新的開始需要時間，而且時機的選擇很重要（曾經有多少次，你一遍又一遍地想要減肥、戒菸、慢跑，但總是沒能堅持下去？）。

是的，除非你真的準備好了，否則無法讓一切真正開始。但是，這並不等於說，事情成敗的機率會隨著你的準備更加充分而提高。當你覺得時機來到，馬上告訴自己：停止準備，開始行動吧！

其次，重新看看自己。如果你真的完成了你認為該做的改變，你會有什麼感覺？比方說，你辦到了，現在在人們眼中，你就是那個「辦到了」的人。然後想像一下，你是個旁觀者，正在看你自己。這時你將會發現：你給別人的肯定，往往會賦予對方某種力量；而這力量，正是你過去認為自己所欠缺的。你就像在他們的肩上披了件超級斗篷，現在，你可以拿回來，穿在自己身上了。

第三：一步一步來，並且抗拒那股要你留在舒適現狀的聲音。對於正要開始的你來說，這時候通常會全神貫注於結果，但是要注意：過度專注於結果，反而不是好事。在我的班上，有一個新搬到我們社區的職涯諮詢師，正在找新工作，他準備給自己三個月的時間。但一個月還沒過完，他就告訴我們，他不可能在三個月內找到工作了。只要應徵沒成功，對他來說就是失敗，他覺得自己一定是在面試時說錯了話。

後來，當他把關注的重點從設定「三個月找到工作」的目標，轉移到認真研究各種職缺概況之後，他才克服了挫折感，並且很快就找到了工作。在我看來，這是有道理的，因為每一次的應徵現在不再被他當成是標靶（哎呀，又沒打中），而是複雜求職過程的一部分。這樣一來，每一次面試都教會他一些東西，建立新人脈，並增加他對自己的了解。他認為自己現在是在不斷地探索和學習，而不是在尋找什麼標的。

在這個過程中，他也學會了踏上新起點的第四個關鍵：不要過分專注於目標，而是要學會將注意力從目標轉移到實現目標的過程上。這可以讓你在前進速度變慢時，防止自己掉入失望的深淵。

覺悟了？去洗衣服吧

當然，並不是所有的事，都會隨著結束的過程消失。你可能會發現，當很多事情都改變時，讓生命中的某些東西延續下去是很重要的。

例如此刻，我正在家中的餐桌上用電腦打下這些文字。這張桌子，是我父母在我出生前就買來的，小時候我總是坐在這張桌子旁吃飯。這桌子對我來說，象徵著我的家鄉——新英格蘭。現在，我住在加州，以完全不同於父母撫養我的方式，撫養著我的孩子們；以完全不同於自己成長時期的方式，朝著我的人生目標前進。能在這張老舊卻親切的桌子上，依靠寫作來完成自己的新起點，一想到這點，就能撫慰我的心。

無論如何，這是我生命中新樂章的起點。我並沒有變成另外一個人，我還是我，並沒有變成一個和原來完全不同的人，只是一切重新開始了。轉變的過程是生命旅程中的一段環形路線，這段時間內，它會離開主道路，隔了一段時間，繞了一個圈子後，又回到了這條路上。

也就是說，當古老部落裡那些被隔絕的人們從脫離狀態和荒野中返回，再度與群體一起生活時，他們會將自己從過渡期獲得的洞察力和想法，運用在日常生活中。這時，你與周圍的人之間原有的聯繫已經被打破，一種新的關係已然誕生。

從心理學來說，回歸的過程使我們重新成為我們自己，這裡面當然牽涉到一個重新整合新舊兩種身分的問題。如果一個人想腳踏實地生活，不想終日飄浮在雲端，那麼這個整合過程就必須要完成。要想重新開始就必須解決整合的問題，這是一個自然的過程，就像結束必會瓦解舊生活一樣。不只是人要回來，心也要回來。禪宗有句話說得好：「覺悟之後，該洗衣服了。」

舊有的一切結束之後，通常留下一片空虛；而當一切重新開始之後，新的生命也會悄悄萌芽——這，就是我們生命中轉變的形式。而轉變會隨著我們的成長，發生得越來越頻繁；

轉變所造成的傷害之深，也往往遠超出人們的想像。

幸運的是，在我們的生命中，同時還有另一種能量，也在川流不息地流動著。在夜晚，它讓我們安然入睡；在清晨，它將我們從朦朦朧朧的夢境中喚醒。它帶領我們安然無恙地度過轉變關頭，在穿越結束階段後，迎來嶄新的起點。這，就是生命存在的形式：有結束，將我們放逐至荒野——那是在日復一日的奔忙中常常被我們忽略的；有起點，最初可能會令人困惑，但又會出乎意料地突然在我們的生命中出現。

要想在生命中獲得成長，就必須了解生命的基本形式。對這一點認識頗深的古老文明，為了使人們順利通過人生的這個階段，創造出了種種儀式，但他們並不太重視用文字描寫這個過程。語言的陳述無法深刻觸及人們的信念，出於這個原因，那些古老的文明將他們對於人生的深刻理解融入到神話中。無論是在伊底帕斯或斯芬克斯之謎，或是奧德修斯返回家園的故事中，我們都能夠清楚地看到這一點。

最後，我們再用另一個神話，來總結這本書所探討的「轉變」，那就是：愛神邱比特和賽姬的故事。

| 尾聲 |

等待生命中下一個轉變

邱比特與賽姬的故事

人的偉大不在於他的目標，而是在於他的轉變。
——愛默生（Ralph Waldo Emerson）[1]

從前，有個非常美麗的年輕女孩，她的名字叫賽姬。賽姬是全國最美麗的女孩，人人都仰慕她，卻沒有人追求她。和賽姬差不多大的女孩子都結了婚，有了自己的家庭，但她仍然小姑獨處。對一般男人來說，賽姬實在太完美、太高不可攀了。

後來，賽姬的父母請人前往德爾菲神廟祈求神諭，但當他們聽到神諭時全都哭了。因為神諭說，賽姬必須死。她穿上喪服，被帶至野外遠離王國的荒涼山區。[2]

在故事中，不會有人問為什麼，因為所有事情的發生都與生命的藍圖相符應。神諭所要表達的是，舊的生命如果不死，就不可能有新的人生。想要獲得，就得先放棄。

於是人們為賽姬穿上了喪服，舉行死亡儀式，然後將她拋棄在寒冷、荒涼的山頂。賽姬躺在那裡，恐懼令她渾身麻木，在深深的絕望中她昏厥過去。這時，愛神邱比特來到她身邊，被她的美麗吸引，不由自主地愛上她。他急忙去找風神幫忙，請風神把賽姬帶到山下隱蔽的山谷裡，那裡有一座邱比特宮殿。

賽姬醒來時，發現自己躺在一座神祕的漂亮宮殿裡。那裡有她需要的所有東西：食物、水、漂亮的衣服、芬芳四溢的浴池，一切應有盡有，但身旁就是沒有半個人。然而當夜幕低垂的時候，賽姬發現她有伴了！黑暗中，邱比特來到賽姬身邊，與她共眠，就這樣夜復一夜。有時，他們徹夜長談；有時，他們做愛；有時，他們一起在黑暗中共進晚餐，然後入睡。賽姬太滿足了，覺得自己終於找到了幸福。

正如我們常會看到的：結束，能為嶄新的「起點」騰出空間。在邱比特和賽姬的神話中，當事人並沒有多做什麼，事情就這樣發生了。有時候，轉變正是如此，它們就這樣發生了。不過，當轉變是這樣發生時，就會有些東西被我們忽略——雖然外在的環境已經改變，但當事人內心深處卻可能還是跟過去一樣，維持著原有的想法、原有的自我理解、原有的價值觀。從外表看起來，一切都改變了，但真正的轉變壓根兒沒有開始。

別悔恨了，那是新生命在召喚你……

漸漸的，賽姬開始對自己的生活感到不滿足了。

一切都很美好，但是她越來越想念朋友和家人。這座隱密的宮殿的確很美，但實在太不真實了——它存在於真實世界之外，存在於人類的時間之外，也無法與他人聯繫。賽姬將自己的心情告訴她的愛人，她告訴他，希望能再見到自己的家人。或許，她的姊妹們可以來探望她？

起初，邱比特拒絕賽姬的請求，但當他看到賽姬這麼思念家人後，心軟了。邱比特說，當他不在的時候，賽姬的姊妹們可以來看她，但在他回來之前，她們就得離開。賽姬非常高興，答應一定會按照他的要求去做。

風神就像當初將賽姬帶到宮殿裡那樣，也將賽姬的姊妹們帶來見她。賽姬的姊妹們都被眼前的一切嚇呆了，於是她們開始妒嫉賽姬。賽姬的這位神祕情人究竟是誰？她們問。賽姬什麼也不知道，不過她編了故事（因為邱比特總是在黑暗中現身，從來沒有讓賽姬看過他的臉）。賽姬盡可能地不讓她的姊妹們發現她沒有看過自己情人的模樣，但是不久，她的回答就出現了許多自相矛盾的地方。「你根本就不知道他長什麼樣子！」賽姬的姊妹們喊道，「哎呀！他可能是一隻怪獸，利用黑暗藏起他那張醜陋的臉！你這個笨蛋！竟然把邪惡的、令人厭惡的怪獸當情人。」

姊妹們離開後，賽姬又困惑又沮喪。這位情人感覺很溫柔、很可愛，不過確實從來不讓自己看到他的臉。姊妹們的猜疑塞滿了賽姬的腦袋，她發誓要弄清真相。當天晚上，當邱比特熟睡後，賽姬偷偷爬起來，找到了一截蠟燭和一把匕首。她要偷偷瞧瞧邱比特長什麼樣子，如果他真像她姊妹們說的是一隻怪獸，她就要一刀刺死他。

賽姬在大廳中將蠟燭點燃，然後踮著腳尖走到邱比特床前。她一手拿著蠟燭，一手拿著匕首，俯身去看。他安安靜靜地躺在那裡，容貌如此清秀俊美！她的情人竟然是愛神邱比特！激動之下，她的手顫抖了起來，滾熱的蠟油滴在熟睡中的邱比特肩上。他醒了。

過了一會兒，邱比特才明白賽姬做了什麼。邱比特告訴賽姬，由於她違反了他們之間共同生活的原則，她再也不能見到他了。說完這些話後，他就消失了。賽姬孤零零地站在那裡，被自己所做的一切和後果嚇得不知所措。

在現實生活中，承諾是要遵守的，但在神話世界裡，事件的發生只有一個理由：讓故事進一步展開。失去，是因為與原來世界告別的時候到了。賽姬在黑暗中生活得太久，現在她應該去看看外面的世界了。這次的改變是因為賽姬打破規則，進而導致她摧毀了原本的狀態。現在，該是賽姬做出改變的時候了——讓自己變得更成熟、思慮更深刻，更能為自己的行為負起責任。這是她的內在——因應外在改變——發生轉變的時刻。

想要改變人生，談何容易？

於是，賽姬離開了那座曾經帶給她快樂的宮殿，孤身踏上了尋找情人的漫漫長路。傷心的她，呼喊著天神，請求祂們幫助，邱比特的母親阿芙蘿黛蒂出現了。她說：「你要找我的兒子，必須完成幾件事。不過我看你不夠堅強，恐怕不能完成使命。」賽姬說為了找到邱比特，她什麼都願意做。

「那好吧，你必須完成四件很困難的任務。」阿芙蘿黛蒂說。

「首先，你要在一個晚上之內，將屋子裡的種子分類好。」阿芙蘿黛蒂打開一扇門，裡面是個大房間，堆滿了各式各樣不同的種子，堆到天花板那麼高。賽姬倒抽了一口氣，光是這第一個任務，就根本不可能做到吧。

阿芙蘿黛蒂繼續說：「第二件事，你必須去大草原找到金山羊，拔一些金色的羊毛回來。」賽姬嚇壞了，因為無論是誰走近那裡，都會被公羊噴火殺死。「第三件事，」不等賽姬回過神，阿芙蘿黛蒂又接著說道：「是在陰陽交界處有一條河流——冥河，那是通往地獄必經之路。你要為我汲取一杯冥河的水回來。」她看著賽姬，看著她臉上絕望的表情。

「最後，第四件事是……」阿芙蘿黛蒂說：「你要前往冥府，向冥府女王波賽芬妮要一小盒她的神奇藥膏，那種藥膏可以讓人變得更加美麗。拿到後，將它帶回來給我。」說完這些話後，阿芙蘿黛蒂就消失了。

賽姬聽得目瞪口呆。她傷心地推開門，盯著她必須完成的第一項任務。那堆種子堆得比她還高。她彎下腰，抓起一把種子，小的、大的、深色的、淺色的——就算花上一年時間，也沒有人能將這些種子分類好，而她卻必須在一個晚上做完。這個不可能的任務讓賽姬難過極了，她伏在種子堆上哭了起來。一邊哭，一邊無力的挑揀著種子，既疲勞又絕望的她，很快就睡了過去。

賽姬的人生第一次出現變化時，她是消極被動的——一切就是這樣發生了，由不得她選擇。然而現在，當她想要採取行動，面臨的卻是這些不可能的任務！她試著努力，但不得不放棄。就在這時，她發現……

別放棄，意想不到的助力也許就在前方……

當賽姬睡著時，一大群螞蟻爬進屋裡，在蟻王指揮下，開始挑揀起種子。螞蟻們整晚在巨大的種子堆旁忙碌著，慢慢地，大種子堆分成了許多個小堆，這堆是小麥，那堆是黑麥；這堆是豆子，那堆是芥菜籽。天亮了，阿芙蘿黛蒂打開了門，驚醒了熟睡的賽姬。看到分類好的種子，兩個人都大吃一驚。賽姬什麼也沒說，阿芙蘿黛蒂也只說了一句話：「你還有三項任務。」

在去取金羊毛和冥河水的過程中，也發生了類似的事。取金羊毛時，賽姬原本已經打算放棄了，這時河邊的蘆葦悄悄地告訴她，等到太陽下山，那些公羊就會回到牠們的住處歇息，賽姬可以悄悄走到附近，在灌木叢裡找到金色的羊毛。汲取冥河水時，絕望的賽姬幾乎又要放棄了。這時，一隻巨大的老鷹從天而降，從她的手中叼走了杯子，飛向賽姬上方無限高處奔流著的冥河，在杯中注滿了冥河水。看到賽姬連續兩次完成任務歸來，阿芙蘿黛蒂雖然訝異，卻都只是淡淡地說：「看看你怎麼去冥府再說吧！」

幫助賽姬的螞蟻、蘆葦和巨鷹從何而來？為什麼每一次賽姬要放棄時，就會獲得幫助呢？在民間傳說和夢境中，每逢關鍵時刻往往會有神靈或動物出現來幫助主人翁，這幾乎成了這些故事的基本要素——這與當時人們對世界某種本能的、非理性的認知有關。在這些傳說故事中，轉變似乎不是什麼可以想要達成就可達成的任務（即使是賽姬當初被丟在山區的外在改變也是如此）。現在的她必須先努力一番，直至筋疲力竭，才能看到助力的降臨——彷彿只有在一個人用盡所有資源之後，意想不到的新能量才會出現。

終於，你認識了自己

接下來，賽姬要怎樣才能去到冥府，度過重重危險，帶回阿芙蘿黛蒂要的寶物呢？就在賽姬又一次想放棄的時候，她身旁的那座寶塔開始說話了。它告訴賽姬該怎麼做——用身上的錢支付通過冥河的過路費，再用一些小甜餅安撫守護的動物，同時要拒絕那些向她尋求幫助的人。

於是，賽姬上路了。錢幣和小甜餅都還是小事，但要拒絕那些需要幫助的人確實不容易——有個可憐人的驢子把貨物打翻了，還有個女人要求賽姬幫她織布，另外一個垂死的人則是悽慘地呼喊著請她伸出援手。賽姬不顧他們哀傷的請求，排除阻力，艱難地跋涉。這是一趟無人能代替的旅程，最後她終於成功了。這真的要感謝那座寶塔的忠告！

一座會說話的寶塔？拒絕需要幫助的人？一趟通往冥府的旅程？這一切是什麼意思？

這表示，那種最重要的轉變——也就是賽姬正在經歷的內在轉變——就像一段煉獄般的歷程，在提升轉化之前，你必須先通過黑暗幽谷的試煉，這正是所謂的「否極泰來」。而且，這段路程上通常只能獨行。在這個過程中，我們樂於助人的習慣只會弄巧成拙。我們必須克服自己想要幫助他人的習慣性衝動，相反的，在這一刻，要專注於自己正在做的事，以及為什麼我們要做這件事。如果我們聽從諸神召喚，就該去自己要去的地方。想要將舊生命拋在身後，我們就必須踏上轉變的路程找到自己的新生。

那麼，寶塔又是怎麼回事？畢竟，先前幫賽姬的都是昆蟲、老鷹和植物等等的生物，為什麼這次會是一座人工建造、沒有生命的寶塔呢？看來，在最後的關鍵時刻，這正是我們真正需要的一種助力。要達到目標，我們內在的努力自然不可少，但光靠這樣還不夠。在通往冥府的黑暗路上，我們也需要擬訂計畫。這聽起來不是很矛盾嗎？我先告訴你要相信內心的直覺，接著又告訴你要有具體的計畫。但，確實是這樣，這兩點都很重要。身處黑暗時刻，你或許擁有的不多，但這樣的建議能指引你前行。

話說回來，如果賽姬從冥府歸來時，邱比特正等著她，那該有多好？可惜，邱比特並不在那裡。事實上，在那一刻，故事情節急轉直下。重新回到人間後，賽姬遲疑地看著手中那個神奇盒子。她抵抗不住誘惑，想要打開盒子，心想著這麼珍貴的東西，一定奇妙無比！為什麼要把它全都交給阿芙蘿黛蒂呢？

於是，賽姬打開了盒子。結果盒子裡的東西對凡人來說，力量實在太強大了，承受不住的賽姬，就這樣倒下……

神話故事總是有其寓意。賽姬最初想要偷看情人的衝動，引導她走上人生的覺醒階段，因此可以說，這一眼為她打開了無比廣闊的世界。這正是過渡期所可能發生的事：你將在這段期間獲得各種能量，以及改變你一生的洞見。然而，光靠這樣也不夠，這便是為什麼那些古老的儀式如此重要——它們就像那座寶塔一樣，可以為你指引方向，讓你安心。

這也是本書的重點，因為如果沒有書中提供的幫助，你在面對轉變時，往往會不安、不知所措。所以，當賽姬最後打開她從冥府帶回來的盒子時，並不只是出自好奇心。她正在完成認識自己的最後一步，並為新的生命和新的階段注入力量。和所有人一樣，在經歷過生命的重大轉變之後，賽姬和從前完全不同了。

賽姬剛倒在地上，邱比特就出現了。他抱起賽姬柔軟的身軀，將她帶到了奥林帕斯山。在那兒，眾神經過商議之後，賜予賽姬不朽的生命。賽姬和邱比特結婚，他們永遠快樂地在一起，然後……

……直到下一個重要的生命轉變來到。

四十週年版後記。蘇珊・布瑞奇

混亂世界中找回自己，拿回人生主控權

數十年來，我親眼見證了許多人在生命遭遇改變時的心情變化。今天，我們同時面臨的改變之劇烈，是史無前例的。破壞性的改變通常來得又快又猛，影響的人也更多，讓整個社會瀰漫著不確定感與恐懼。

在加州大火中失去家園的朋友們，此刻仍在面對重建生活的挑戰。我與那些家有幼兒的父母談過，他們也憂心著不知如何教孩子迎向未來。

十五年前，我被診斷出罹患非何杰金氏淋巴瘤（Non-Hodgkin lymphoma，簡稱 NHL）。除了身上有個小腫塊，我看來很健康，沒有其他症狀。就在診斷報告出來的前幾天，我才和新合作夥伴簽下一份很棒的合約，兩天後我要參與一場已經籌備了半年的國際性高階主管會議，再過一個禮拜我將和老公一起去法國。然而醫生告訴我，必須立即開始治療。對我而言，這猶如青天霹靂，我生命中的一切即將分崩離析，我不知道怎麼面對未來。

療程結束後半年，威廉要去美國司法部演講，於是我們夫妻倆去了一趟華府。就在抵達華府的那個晚上，他第一次小中風。再一次，我們的人生遭遇「結束」、遭遇一場前途未卜的轉變。後來他被診斷罹患了一種神經退化性疾病，我們兩人都不知道自己還能活多久。

威廉和我在三十年前相識，十年後結婚，並且一起工作，踏上一段不平凡的人生旅程。我們彼此尊重，一起構思、寫作、提供諮詢，也一起歡笑、彼此鼓舞，多年來我們堅定地相愛，是工作與生活上的夥伴。無論是與他一起度過轉變，或是他去世後我獨自生活，我都不斷受惠於他所留下的洞見與智慧。

一幅歷經考驗的地圖，領你找到人生方向

對於人生中的轉變，威廉．布瑞奇為我們帶來了指引。無論是追求個人成長或不斷自我更新，《轉變之書》都帶給我們非常實用的概念。我們將學會從整體來思考人生，發現如何

激發創造力、如何真實做自己，並找到新的能量與目標。

威廉的工作對世人貢獻良多，至今仍持續影響著讀者。他所提出的深刻思考，是與所有人都切身相關的，年輕一輩的讀者也不斷透過他的書，明白轉變的意義。

這本四十週年紀念版是威廉留給世人的作品，我相信透過它能讓讀者理解到，這是一幅歷經考驗、真實不虛的地圖，可以帶領大家迎向人生中的改變，以及隨之而來的轉變。

當我們理解了「轉變」的運作方式，將徹底改寫我們的人生。當我們看清自己此刻正在生命中的哪個位置，並學會因應的技巧與方法，將因此更有自信與自在，足以面對所有的不確定性，並培養出適應變化的能力。

多年來我們與一家機構合作，協助寄養家庭的孩子學習面對轉變課題。這些孩子所展現出來的創意，也讓我們印象深刻，例如，他們把「轉變」的相關詞彙印在T恤及小冊子上，甚至編寫成饒舌歌演出。其中一位導演說：「這麼棒的人，這麼有遠見的思想家，威廉・布瑞奇改變了我們看待這些不幸孩子的方式。現在，這些孩子可以在混亂的世界中找回自己，拿回自己人生的主控權。」

人生的真諦，就在轉變之中。在轉變中，人生有希望、有創造力、有洞見、有無窮的機會。轉變，是人生大改造、人生重啟的關鍵。當我們成功擺脫了過去所依戀及執著的事物，跟隨生命的邀請向新能量與新目標打開時，我們的人生也將展開新頁。

附錄

四十週年紀念版特別增訂

轉變的練習曲

編按：為了幫助讀者練習迎向生命的轉變，這部四十週年紀念版特別增訂了新的篇章，整理書中精華，供讀者快速參閱與複習。

正面臨人生的重大「改變」嗎？覺得自己內在「轉變」中嗎？想「結束」某部分的自己？想要人生重新來過？想要……放開一切？來，讀一讀以下篇章，你將有所啟發！

轉變三部曲之一：結束——首先，別再緊抓著過去的自己

我們抗拒的不是改變，而是轉變。

轉變，有時候是我們自己的選擇，有時候是環境使然。

透過「轉變模式」，我們可以更清楚轉變的過程：首先，是「結束」，接著是「過渡期」，最後才是「開始」。這三個階段之間，並沒有明顯的界線，相反的，這三個階段之間經常會有各種彎曲歪斜的變化，有時還會互相重疊，往往前一個階段還沒走完，下一個階段就已經開始了。

很有可能，你會同時處於不同的階段，也可能同時經歷好幾個不同的轉變。

當我們遇到以下常見的外在環境「改變」，通常意味著，我們內在也正在經歷著轉變——

孩子上大學

換工作、轉換職業跑道

退休（通常是漸進的）

結婚

生小孩

搬家、遷居

重病

家人生病

父母老了

與好友絕交

分手或離婚

摯愛的人過世

另一種轉變，與個人成長有關，比較像是隨著時間推移所自然產生的一種內在開展。青春期就是一個成長型的轉變，成年、中年、老年，或是當你對世界有了全新的體會與理解時也是。這種與成長有關的轉變，會出現在人生中的各個時期，只要你發現自己對生活中的某些部分不再感到滿意，並且意識到除了維持現狀，還有其他能讓自己過得更好的選擇，就意味著你正面臨轉變。這類的轉變也許未必會伴隨外在生活的改變，但會帶給你截然不同的內在感受。

轉變的第一個階段，是「結束」。這過程會發生的第一件事，是「失去」（但不會是最後一件事）。即便是好的改變，也一定是從「失去」開始的。當你認出自己正在失去什麼，就是你開始轉變的時候了。

小提醒

現在，想一想此刻你正經歷著什麼樣的轉變？

然後，觀察自己正處於轉變的哪一個階段？

- 你能否清楚說出，什麼事情結束了？
- 與這件事情有關的哪些部分你希望保留、哪些你覺得可以丟棄？
- 哪些事情，你覺得自己需要練習放下？
- 此刻的你，是「真正的你」，還是你「自以為的你」？你是否還在用一種不再適合你的方式去定義自己？

也許，你剛離職、跟情人分手、生病了，或孩子長大搬出去住了。又或許你面臨的是正向的改變，例如剛結婚、寶寶剛誕生、開始一份新工作、搬新家……。無論是哪一種，轉變都是從「結束」開始，這意味著你必須「先」有所捨棄。

說到「失去」，以下是當你身處此一過程時，常會經歷的五種情況——

脫離

與某人分開了、你原本的身分結束了、無法再像過去那樣生活、不再有人陪伴、不再扮演原本的角色等等，覺得自己頓失所依、感到疏離。

崩解

熟悉的世界崩解了。這包括：（一）實體世界的崩解，例如你搬離一個住了很久的城市，再也無法像過去那樣常去找你熟悉的醫生、牙醫、學校、健身房、鄰居、朋友或喜歡的餐廳等等。（二）無形世界的崩解，例如你原本對生命或感情的一些信念。

想一想：

你有哪些想法與習慣，是時候應該放下、不要再眷戀了？

你原本習慣扮演的角色中，有哪些可以停止扮演了？

剝離感

你失去了舊有的身分認同。你不再是一個妻子、丈夫、情人，不再是幼童倚賴的父母，不再是專案經理，不再是老師。你原本所擁有的形象，已經與你無關了。

想一想：

你知道你現在的身分，與你原本的身分有什麼不一樣嗎？

幻滅

失望、迷惘，原本視為有意義及重要的事，如今只剩下失落及幻滅。透過「失去」，會將你從以往所熟悉的舊現實中抽離出來。

想一想：

你過去的人生、過去所擁有的身分中，有哪些已經不再有意義？

失去方向感

對於失去的一切感到困惑及迷惘。你發現自己的態度搖擺不定，一下想放手，一下又想留住。

想一想：

面對結束，什麼事情讓你感到困惑？

要迎向更豐盈、更有創造力的下一階段人生，你必須先接受與過去的自己告別。通常這樣的人生大轉變也許會持續好幾年的時間，不過小轉變倒是每天都在上演。

任何時間都能啟程出發，即使沒有特定的去處。

——田納西・威廉斯（Tennessee Williams, *Camino Real*）

轉變三部曲之二：過渡期——別急，躲起來放空一下

所有不確定性都蘊藏著豐盈的果實……只要你願意理解。

——安東尼奧．馬查多（Antonio Machado, *Juan de Mairena*）

接下來，我們邁入的是一段過渡期，在這段期間，任何創意、好點子、新的想法都可能出現。你可能會發現自己真正想做的是什麼樣的工作、對自己有了全新的理解，或是人生從此大轉向。這是讓你打開心胸、接受新事物的時期，或許你的念頭會變來變去，想做的事情也未必成功，但你的腦袋會比較清楚，看事情的角度也比較清晰、客觀。

在不同的人生篇章翻頁之際，放空，是生命中必要的過程。在這過程中，有時候你會充滿活力、每天都很活在當下，有時也可能會出現惶然不安的心情。很多時候你看起來似乎無所事事，但內在的你正在養精蓄銳。過去的已經過去了，未來的事還沒發生，一切處於不確定的模糊狀態。

這是一段自省的理想時間，讓自己自在的思考，沒有任何畫地自限的必要。

小提醒

假如你突然冒出自己應該做什麼、要做什麼的念頭，描述一下這個過程。

- 你有什麼感覺？
- 你是怎麼冒出這些想法的？
- 哪些想法讓你受到啟發、感到雀躍，或覺得害怕？
- 你會如何往下繼續探索？

別急著做決定或採取具體行動，先想一想自己會如何做選擇？

在你敞開自己、去面對未來無限可能的這段時期，雖然經常會陷入混亂之中，卻也可能體驗到興奮雀躍的感受。眼前尚未出現清晰道途，可能會讓你覺得不安。未來的不確定性，也會讓你感到不知所措。

為了因應種種的狀況，你可以嘗試在這段期間，替自己打造一個暫時性的生活架構，讓你在整理思緒的同時，能夠安下心來繼續過生活。

小提醒

回想一下，你先前認為自己正在經歷什麼樣的轉變。

- 你可以為此刻的你，做什麼樣的暫時性安排？接下來的這段時間，你最想做的是什麼？
- 一天當中，你能不能找到讓自己沉澱下來、安靜思考的時間？你能否找到一個喜歡的地方，讓自己暫時逃離日常活動？

在這段過渡期，最核心的關鍵詞就是：自我更新。你開始把它看成是一種新的生活方式、一種新的存在方向，同時，也對自己和別人變得更有耐心。凡事總會以它該有的韻律和節奏開展。你已播下未來的種子，現在正是耐心施肥的時候。你的注意力與能量會越來越清晰的對焦。

轉變三部曲之三：生命新起點

——認真地投入下一個階段

你察覺到新的「開始」降臨了。雖然開始總是令人期待的，但對很多人而言，心中難免忐忑不安，甚至可能會誘發我們原本就存在的焦慮，因為「開始」也意味著過去真的「結束」了。別搞混了「開始」（beginning）與「開動」（starting）。「開動」很容易，而真正的「開始」是需要費一番功夫的。

你也許已經習慣了前一個階段——也就是過渡期，現在該認真投入下一個階段了。你已經準備好，可以邁向未來了。想要成功的展開新生，你需要的不僅是毅力，重要的是，你必須清楚明瞭，哪些事情可能會破壞你的決心，讓你對計畫心生疑慮。要知道，新的開始未必會符合你對改變的想像。

小提醒

想進一步鞏固新起點，你可以嘗試：

・規畫具體的步驟，訂定計畫及目標

・專注於小的、容易達成的目標

恭喜你，你的人生已經翻開新頁了！你對自己有新的理解，已經不同於以往的你。你有了新的生活節奏，活力充沛，還有明確的目標。下一次當人生再度面臨轉變時，你將更能及時察覺。今天的你，更堅強、更有自信，知道自己能駕馭改變、擁抱人生的下一次轉變。

因為，下一次轉變就在眼前。

活力、生命力、能量和原動力，透過你，轉化為行動，又因你的獨特性，成就了這獨一無二的表達。然而，若你封閉了這轉化，它將不再經由任何媒介存在，並將永遠佚失。

——瑪莎・葛蘭姆（Martha Graham）致信

阿格尼絲・德米爾（Agnes DeMille）

致謝

這些年來，聽到這麼多人分享他們迎接轉變的故事，讓我深受啟發。看到大家發揮創意讓自己成長、重生、過得更好，也讓我們對轉變有了更深刻的理解。

過去數十年來，我們夫婦二人與好友、同事之間建立起深厚的感情，對於你們的鼓勵、智慧、幽默與啟發，我也深深感謝。

重新編輯這本四十週年紀念版，我要感謝 Da Capo 出版社（後來被 Hachette 出版集團併購）幾位朋友的協助，包括不斷為這本書注入活力的行銷主任 Kevin Hanover、數十年來總是及時提供指導、讓此書成果斐然的前公關主任 Lissa Warren，以及多年來始終默默支持的前發行人 John Radziewicz。

我也很高興能跟 Hachette 出版集團的新團隊合

作，創意總監 Amanda Kain 為本書英文版帶來清新討喜的全新封面設計，資深專案編輯 Amber Morris 在編輯上提供非常專業的指導，資深文字編輯 Dan Ambrosio 也一直在過程中鼓舞著我們。深深感謝大家，你們的投入和參與，讓這本紀念版煥然一新。

註

第1部　我怎會變成這樣？

1. Daniel J. Boorstin, *The Americans: The National Experience* (New York: Random House, 1965), 92-93. Part 2, titled "The Transients"，這篇文章對現有的研究提供了有趣的歷史背景。
2. 引自 G. W. Pierson, *Tocqueville and Beaumont in America* (New York: Oxford University Press, 1938), 119。
3. *The Complete Poetical Works of Henry Wadsworth Longfellow* (Boston: Houghton Mifflin, 1893), 296.
4. Alvin Toffler, *Future Shock* (New York: Bantam Books, 1970), 12.

1　是的，你再也回不去了

1. Lewis Carroll, *Alice's Adventures in Wonderland* (New York: Signet Books, 1960), 47.

2. Mircea Eliade, *Rites and Symbols of Initiation,* trans. Willard Trask (New York: Harper & Row, 1965), 31.
3. 這個評量表最早發表於 *Journal of Psychosomatic Research* 11 (1967): 213-218，之後，也曾被很多不同單位引用，包括報章與雜誌，一九七四年由芝加哥的 Blue Cross Association 出版為小冊子，取名為 *Stress*。

2 放手，怎麼這麼難？

1. Erik H. Erikson, *Identity, Youth, and Crisis* (New York: W. W. Norton, 1968), 128-135.
2. Daniel J. Levinson, *The Seasons of a Man's Life* (New York: Knopf, 1978), 78-84.
3. 同上，84-89。另見 Roger Could, *Transformations* (New York: Simon and Schuster, 1978), 153-215。
4. 這段關於心理學家布勒研究的精簡摘要，引述自 Else Frnekel-Brunswik "Adjustment and Reorientation in the Course of the Life Span," it is printed in Bernice L. Neugraten, ed., *Middle Age and Aging* (Chicago: University of Chicago Press, 1968), 77-84。
5. Levinson, 141.
6. 關於「大器晚成」型的人物，可參見 John A. B. McLeish, *The Ulyssean Adult: Creativity in the Middle and Later Years* (Toronto: McGraw-Hill-Ryerson, 1976)。
7. Huston Smith, *The Religions of Man* (New York: Mentor Books, 1958), 64.
8. C. G. Jung, *Psychological Reflections,* ed. Jolande Jacobi (New York: Harper & Row, 1953), 119.

9. C. G. Jung, *Modern Man in Search of a Soul* (New York: Harcourt Brace, 1933), 107. 更多有系統的新研究顯示出相似的結果，例如 Bernice Neugarten 的 "Adult Personality: Toward a Psychology of the Life Cycle" (in Neugarten, *Middle Age,* 140) 就寫道：「隨著年齡漸長，男性與女性之間會出現非常重要的差異，男性似乎變得比較親切與關心別人，而女性則更能接受自己積極與自我中心的那一面。」

10. McLeish, *The Ulyssean Adult.*

11. 引自 A. L. Vischer, *On Growing Old,* trans. Gerald Onn (Boston: Houghton Mifflin, 1967), 169。

3 要和他分手嗎？

1. 參見 Rosalie Maggio, *Quotations By Women* (Boston: Beacon Press, 1992), 203。

2. 同上，43。

4 上班好苦，Why？

1. 關於人們在晚年的表現，請參閱我的另一本書 *The Way of Transition* (Cambridge, Mass.: Perseus Publishing, 2000) 的最後一章 "Transition and Elderhood"(179-199)。

2. 同上，197。

3. 如果你的轉變與找一份新工作（與一筆新的收入）有關，我另一本書也許會對你有幫助：*Creating You & Co.*

(Cambridge, Mass.: Perseus Publishing, 1997)。

第2部　轉變三部曲

1. Mircea Eliade, *The Sacred and the Profance,* trans. Willard Trask (New York: Harcourt, Brace, Jovanovich, 1959), 208-209.
2. 更多細節請見 Arnold van Gennep, *Rites of Passage,* trans. Monika B. Vizedom and Gabrielle L. Chaffee (Chicago: University of Chicago Press, 1960); Mircea Eliade, *Rites and Symbols of Initiation,* trans. Willard Trask (New York: Harper & Row, 1965); Victor W. Turner, *The Ritual Process* (Chicago: Aldine, 1969); and Peter Radin, *Primitive Religion* (Magnolia, Mass.: Peter Smith, 1957)。
3. Van Gennep, *Rites,* 10-11.

5　讓過去的自己死亡

1. T. S. Eliot, *Four Quartets* (New York: Harcourt, Brace 1943), 38.
2. 摘自 Paul Reps 節錄的故事：*Zen Flesh, Zen Bones* (New York: Anchor Books, n.d.), 18。
3. 所舉例子出自 Sam D. Gill, "Disenchantment," *Parabola* (Summer 1976): 6-13。
4. Elisabeth Kubler-Ross, *On Death and Dying* (New York: Macmillan, 1969), 38-137.
5. Mircea Eliade, *Myths, Dreams and Mysteries,* trans. Philip Mairet (New York, Harper & Row, 1967), 224.

6 每一首歌，都有休止符

1. Lao Tzu, *Tao Te Ching,* trans. D. C. Lau (Middlesex, England: Penguin Books, 1963).
2. Carlos Castaneda, *The Teachings of Don Juan* (New York: Ballantine Books, 1968), 110.
3. 這段引言以及關於托爾斯泰的說明，摘自他的自傳：*A Confession,* trans. Aylmer Maude (London: Oxford University Press, 1940)。
4. Mircea Eliade, *Myths, Dreams, and Mysteries,* trans. Philip Mairet (New York: Harper and Row, 1967), 80.
5. Arnold van Gennep, *Rites of Passage*, trans. Monika B. Vizedom and Gabrielle L. Chaffee (Chicago: University of Chicago Press), 182.
6. "Nature," The Complete Works of Ralph Waldo Emerson, vol. 1 (Boston: Houghton Mifflin, 1903), 4.
7. George Orwell, *1984* (New York: Signet Books, 1949), 189.
8. 資料取材自 James Bugental 的研討會。
9. 請參閱 Wayne Muller 所寫的 *Sabbath: Restoring the Ancient Rhythm of Rest and Delight* (New York: Bantam), 1999。
10. Lewis Carroll, *Alice's Adventures in Wonderland* (New York: Signet Books, 1960), 27.
11. Arnold Toynbee, *A Study of History,* abridged by D.C. Somervell (New York: Oxford University Press, 1947), 217-230.

7 與心中的老人告別

1. Horace, “To Lollius,” *Epistles,* Book l:2.
2. John Galsworthy, *Over the River* (London: William Heineman, 1933), 4.
3. Mircea Eliade, *Myths, Dreams and Mysteries,* trans. Philip Mairet (New York: Harper & Row, 1967), 48.
4. Joseph P. Lash, *Eleanor and Franklin* (New York: W. W. Norton, 1971), 238.

尾聲 等待生命中下一個轉變

1. Ralph Waldo Emerson, *The Journals and Miscellaneous Notebooks of Ralph Waldo Emerson,* vol. 5, ed. Merton M. Sealts, Jr. (Cambridge, Mass.: Harvard University Press, 1965), 38.
2. 這個故事最初由拉丁作家阿波琉斯（Apulieus）所撰述，已被幾個現代心理學家用於詮釋女性心理學，我的目的與他們不同。參見 Robert A. Johnson, *She: Understanding Feminine Psychology* (New York: Harper & Row, 1976) and Erich Neumann, *Amor and Psyche* (Princeton: Princeton University Press, 1956)。

國家圖書館出版品預行編目（CIP）資料

轉變之書：結束，是重生的起點 / 威廉．布瑞奇 (William Bridges, PhD) 著；林旭英譯．-- 三版．-- [臺北市]：早安財經文化，2020.06
面；　公分．--（生涯新智慧；51）
譯自：Transitions : making sense of life's changes, 40th anniversary edition
ISBN 978-986-98005-8-7（平裝）

1. 生涯規劃　2. 生活指導

192.1　　109004872

生涯新智慧 51
轉變之書
結束，是重生的起點
TRANSITIONS
Making Sense of Life's Changes, 40th Anniversary Edition

作　　者：威廉・布瑞奇博士 William Bridges, PhD & 蘇珊・布瑞奇 Susan Bridges
譯　　者：林旭英
特約編輯：莊雪珠
封面設計：莊謹銘
責任編輯：沈博思、劉詢
行銷企畫：楊佩珍、游荏涵

發 行 人：沈雲驄
發行人特助：戴志靜、黃靜怡
出版發行：早安財經文化有限公司
電話：(02) 2368-6840　傳真：(02) 2368-7115
早安財經網站：www.goodmorningnet.com
早安財經粉絲專頁：www.facebook.com/gmpress

郵撥帳號：19708033　戶名：早安財經文化有限公司
讀者服務專線：(02)2368-6840　服務時間：週一至週五 10:00~18:00
24 小時傳真服務：(02)2368-7115
讀者服務信箱：service@morningnet.com.tw

總 經 銷：大和書報圖書股份有限公司
電話：(02)8990-2588
製版印刷：中原造像股份有限公司
三版 1 刷：2020 年 6 月
三版 5 刷：2023 年 5 月

定　　價：350 元
ISBN：978-986-98005-8-7（平裝）

開始就是結束，結束也是開始，

正是從結束之處，我們重新開始。